幕府を背負った尼御台

# 北条政子

田端泰子

人文書院

目　次

はじめに――中世という時代

第一章　「御台所」北条政子……………………11
一　政子の婚姻　11
二　頼朝の妻　16
三　頼朝の旗上げと「御台所」の登場　17
四　政子の出産と亀の前事件　20
五　大姫と志水義高　29
六　宮菊のこと　34
七　政子の「貞女」観　36
八　その後の静　45
九　義経誅殺の意義　47
十　頼朝の側室　50
十一　頼家、鹿を射る　52

第二章 「尼御台所」の後見――頼家時代……57
一 頼家の政治とその停止 58
二 梶原の乱と頼家政治のあやうさ 67
三 城氏の乱と坂額の姿 71
四 舞女「微妙」 76
五 頼家の失脚 79
第三章 「尼御台所」の働き――実朝時代……85
一 十二歳の将軍 86
二 実朝の婚姻 89
三 畠山重忠の乱 92
四 一族長老の尼 99
五 平穏な時代 103
六 和田合戦 108
七 束の間の平和 117

第四章　「二位家」の確立……121
一　鶴岡八幡宮の悲劇　121
二　「二位家」の役割　128
三　承久の乱の始まりと政子の演説　133
四　乱の広がりとその結果　138
第五章　承久の乱後の政子……149
一　承久の乱の意義　150
二　伊賀氏の乱　152
三　政子の死　161
第六章　武士階級の女性たち……165
一　武士の娘と妻　165
二　所領配分にみる女性　166
三　後家による所領配分　171

四　『御成敗式目』にみる武士の女性　182
五　「置文」にみる妻と娘　190
六　夫婦の役割分担　194

第七章　政子はどのように語られたか……………………197
一　同時代の政子評　197
二　室町期の政子評　202
三　物語のなかの政子　204

おわりに

# 源氏北条氏関係図

## 源　　氏

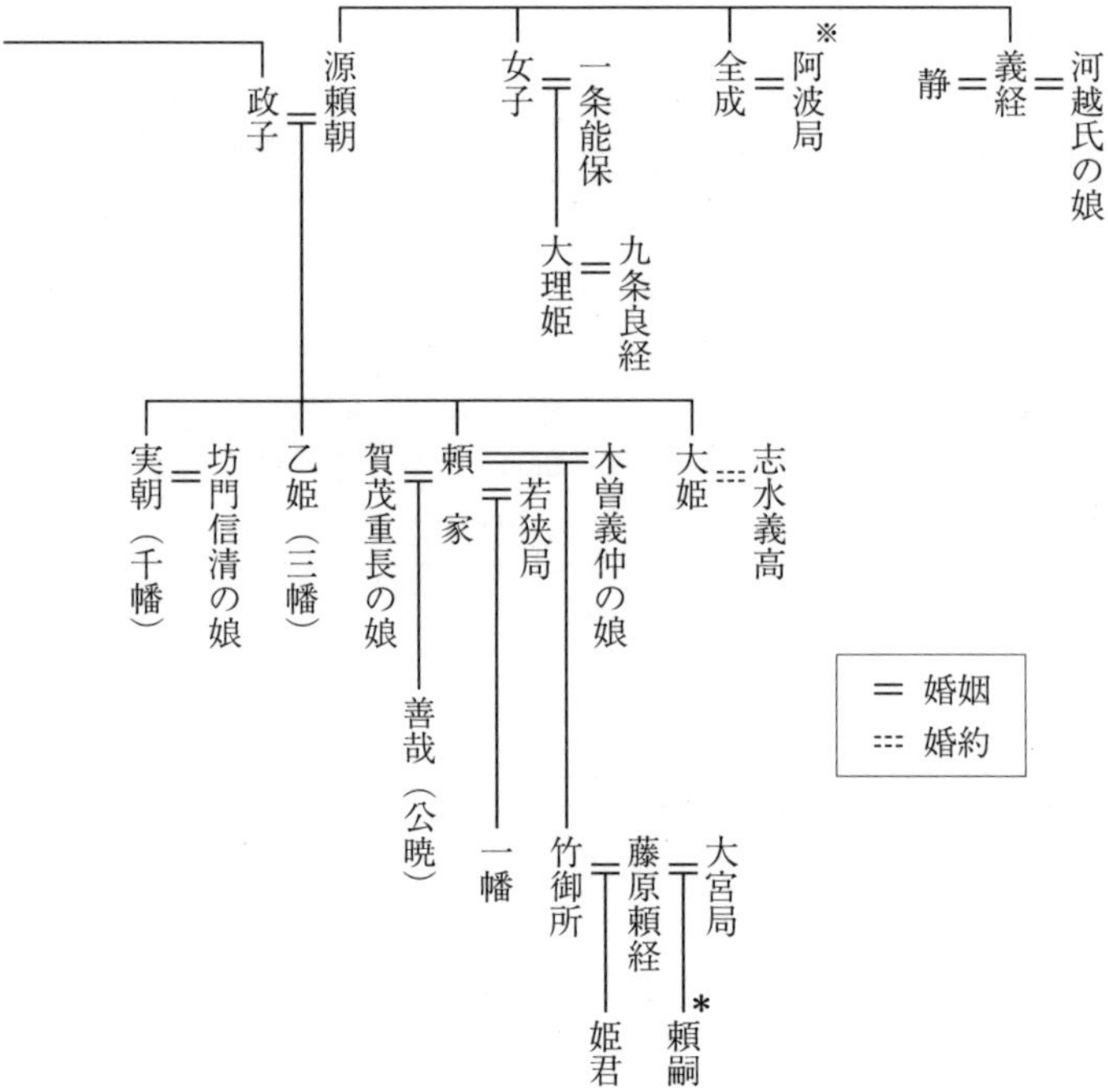

政子
源頼朝
女子
一条能保
大理姫
九条良経
全成
※
阿波局
静
義経
河越氏の娘
実朝（千幡）
坊門信清の娘
乙姫（三幡）
賀茂重長の娘
頼家
若狭局
木曽義仲の娘
大姫
志水義高
善哉（公暁）
一幡
竹御所
藤原頼経
大宮局
姫君
*
頼嗣
＝ 婚姻
::: 婚約

# 北条氏

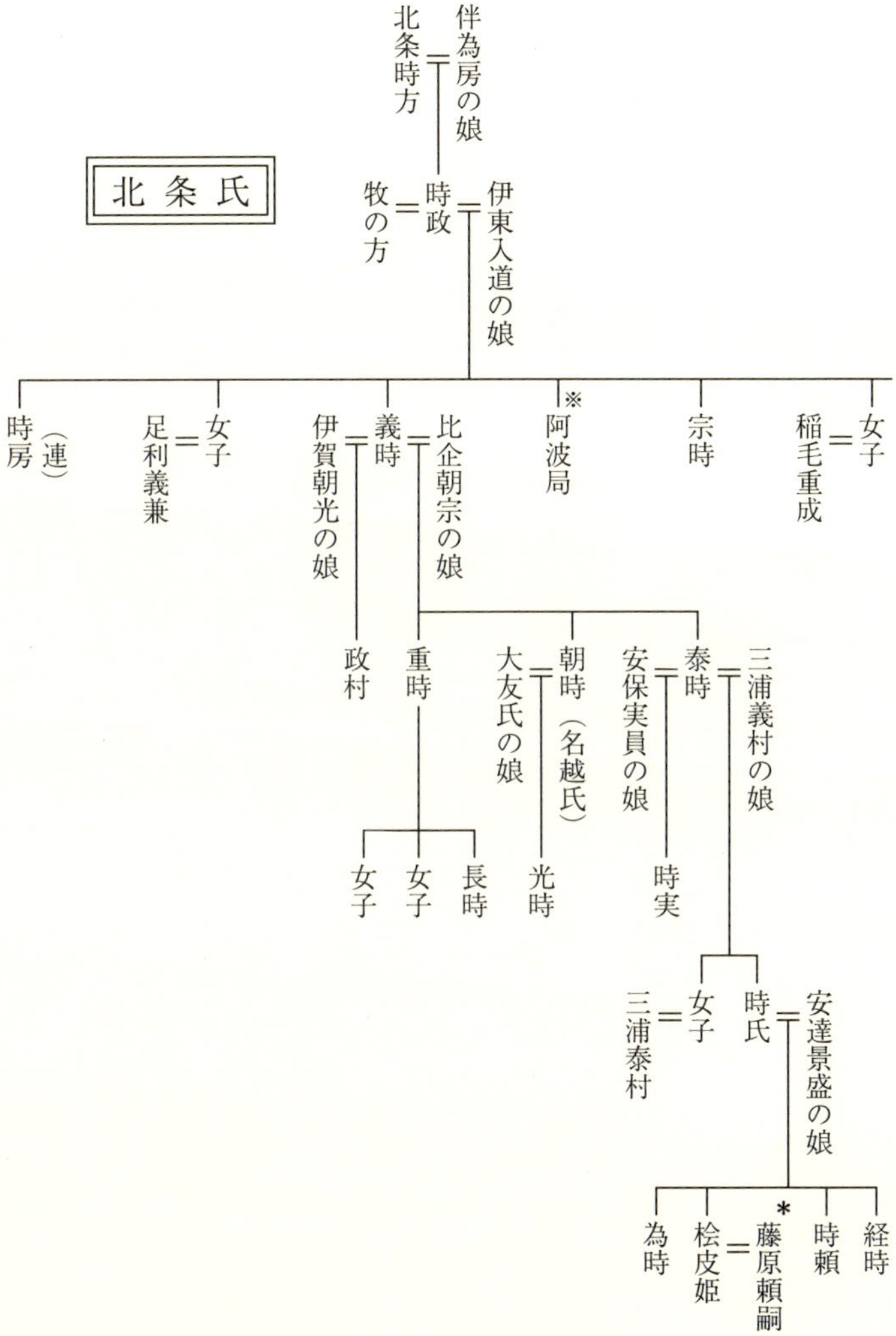
伴為房の娘
北条時方
時政
伊東入道の娘
牧の方
時房（連）
女子
足利義兼
義時
伊賀朝光の娘
比企朝宗の娘
※阿波局
宗時
女子
稲毛重成
政村
重時
朝時（名越氏）
大友氏の娘
泰時
安保実員の娘
三浦義村の娘
女子
女子
長時
光時
時実
女子
三浦泰村
時氏
安達景盛の娘
為時
桧皮姫
＊藤原頼嗣
時頼
経時

# はじめに――中世という時代

日本の中世は、平安時代の終わり、上皇が院として最高権力者として君臨していた時代から、戦国時代の終わりに織田信長や豊臣秀吉が出て、天下統一を成し遂げたころまでをいう。この中世という時代は、戦乱も続いたから、以前は「暗黒時代」などと呼ばれ、はるか昔の、戦乱のうち続く、今よりも文化程度の低い時代であったように思われることが多い。この感想はなかば当たっているがなかばは言い当てていない。確かに生活のしにくさの点では当たっている。農地は開墾して開かなければならず、田一段当たりの収穫はそれほど多くはなく、衣類は基本的に自分の家で麻を育てて糸から作り出さねばならなかった。しかし人間の感情や意志の発露は今と変わらないと思う。限られた生活環境のなかで、それをプラス要因に変えることのできた人々もいた。そのなかには当然のことながら、女性も多かった。そうした積極的な女性たちの代表格が北条政子であると思う。

この本では、中世という、物質面では貧困な、また動乱の続いた時代に、せいいっぱい生き抜き、時代に流されるのではなく、自らの信念を時代のなかに刻印する働きをなした、北条政子の一生を、他の多くの女性や男性とのつながりのなかで、また時代の諸側面、背景のなかで明らかにしてみたい。さらには、北条政子が同時代また後世の人々に、どのような人であったとみられていたか、他の人々からみた政子評についても検討し、政子の役割を考えてみる。

# 第一章　「御台所」北条政子

北条政子は鎌倉期の女性としてはその姿がまだ史料にのこっているほうである。ほとんどの女性は史料としての古文書数点に姿をあらわすにすぎないが、政子の場合は幕府の記録としての『吾妻鏡《あずまかがみ》』にその姿がとどめられている。といっても『吾妻鏡』は鎌倉幕府の成立過程を将軍政治期と執権政治期について記しているので、政子の少女期については当然のことながら記述はない。したがって本書では『吾妻鏡』の記述を中心に、頼朝の正室となって以後、夫・頼朝生存中の政子の立場からみていくことにする。この時代、政子は正室の呼称であった「御台所《みだいどころ》」と呼ばれている。

## 一　政子の婚姻

鎌倉幕府の最初の将軍となったのは源頼朝である。頼朝が東国の武士たちを御家人に組織し、朝廷との政治的駆け引きのなかで、関東武士たちの望む武家政権を形成したその手腕はみごとなものであった。源頼朝が第一級の政治家であると評価することに、なんのためらいも感じない。しかし女性史の視点からいえば、頼朝の他の側面にはおおいに気にかかる点がいくつかある。

### 政略結婚か自由恋愛か？

まず第一に、頼朝には正室・北条政子のほかに何人かの妾《めかけ》があった点である。北条政子との婚姻以前に、頼朝は伊豆の伊東氏の娘を妻としており、その女性とのあいだに男児が生まれていた。しかし、その当時「流人《るにん》」（頼朝は平氏政権によって伊豆の蛭ヵ小島に罪人として流されていた）であった頼朝の境遇に不安を感じ、また自らも平氏に加担していた伊東氏は、その娘をむりに離婚させ、そのうえ子供を松川に沈めて殺してしまうという処置をとったのであった。伊東氏の当主・祐親《すけちか》は生涯、一貫して平家方としての立場を守ったのである。このことは婚姻がその時代の政治と密接に連動していることをよく示している。

このように中世全期を通じて婚姻は政治と密接にかかわっていた。一般には「政略結婚」といわれる。しかし中世の婚姻と政治の関係は、女性を「物」や「道具」として、男性の思うままにあっちへやりこっちへやりと、離婚・再婚のために動かしたというものではない。結婚した夫と妻、特に夫と正妻とのあいだには、対等な関係が形成されていた。

夫婦間の対等性を生み出した理由として、まず考えられるのは、婚姻のさい、女性の側が積極的に夫選びをしている点であろう。政子は北条氏の娘であるから、伊豆の北条館に住んでいたのであるが、流人・頼朝のもとへ自らの意志で通い、結婚を遂《と》げている。鎌倉期の幕府側の記録である『吾妻鏡』に、その時の様子が、政子自らが語った言葉としてのこされている。政子は頼朝の妻になることを望み、「暗夜に迷い」「深雨をしのぎ」頼朝のもとにたどり着いた、との回想が記されている。父親の北条時政は「流人」頼朝との婚姻にこのころ反対していた。時政も伊東祐親と同じく、時の情勢をみて、平氏ににらまれるようなことはしたくなかったからである。時政は政子を館内にとじ込めておいた。しかし政子はそれをおして頼朝のもとに走ったのであった。政子が積極的な女性、父親の反対を押し切っても自分の意志を押しとおす女性であったことがわかる。この二人の婚姻時の姿は、その後の夫婦の対等な関係と正妻の高い地位をもたらした一つの理由であると思われる。

## 『曽我物語』が描く若き日の政子

この政子の積極的な姿は、鎌倉幕府関係者が記した『吾妻鏡』に記述されたものである。それに対して鎌倉後期以後に記された『曽我物語《そがものがたり》』には、政子の婚姻の様子が次のような記事となってのこっている。

北条時政には三人の娘があった。長女は先妻の子で二十一歳、次女、三女は今の妻の娘で十九と十七であった。なかでも最初の娘は「美人」のきこえが高かったので、父の時政の期待も大きかった。実はこの先妻の娘が政子であるといわれている。ある日、二番目の娘が夢を見た。それは、姉である政子が高い峰に登り、月と太陽を左右の袂《たもと》におさめ、橘《たちばな》の三つなった枝を頭上にかざした姿だったという。「不思議の夢」だと思って、姉に問うと、「ほんとうにめでたい夢ですね。我々の先祖は今も観音をあがめているために、月と太陽を左右の袂におさめたのでしょう。（観音は日光、月光菩薩を左右に従えている。）また橘をかざすのはその根拠があり、めでたいことなのです」と、景行天皇が「常世《とこよ》の国」に田道間守《たじまもり》をつかわし、橘を求めさせた故事を思い出したと述べたという。

この姉が政子本人を指すことは、その後の身分の上昇を暗示させているから疑いようがない。後妻とは「牧の方」のことである。

『曽我物語』のこの部分からは、美人で聡明な政子の姿、男性でも月日を両方ともに自分の物にすることなどできないのに、女性である政子がそれをなし、武家社会に号令をかける地位に上ったことが暗示されている。政子のその後の「尼将軍」としての活躍を肯定的にとらえた記述であると思う。

しかしこの記述がのこっている『曽我物語』は、漢字と仮名《かな》の混淆体の「仮名本」のそれであり、成立は南北朝期以後である。これより古い「真字本《まな》」（漢字本）の『曽我物語』には夢のことは記されていない。したがって、妹の見た夢に論評を加えた政子の姿は現実の姿というよりも、南北朝期以後につけ加えられた政子像であったといえよう。それにしても、南北朝期以後の人々が、将軍の正室となった政子を、正当性をもった大政治家として、好評をもってみていることがわかる。南北朝期以後、鎌倉幕府の執権を務めた北条氏は評価が低下した。にもかかわらず、あとで書かれた仮名本の『曽我物語』のほうで、政子の評価は高くなっている。これこそ、後世の人が政子の「尼将軍」としての政治的力量を評価していた証拠にほかならない。

## 二　頼朝の妻

北条政子が『吾妻鏡』に登場するのは、源頼朝の妻になって以後のことである。頼朝との婚姻は治承元（一一七七）年であり、政子が生まれたのは保元二（一一五七）年だから、政子二十一歳の時のことであった。夫・頼朝は政子と婚姻を遂げた時、三十一歳で、すでに伊東祐親の娘との婚姻と離婚を経ていた。

しかし、『吾妻鏡』には、政子との婚姻以前のことは記されていない。婚姻のころの様子や、伊東氏の娘との婚姻について記されていないのはなぜだろうか。一つには、北条氏が政子の婚姻を機に頼朝に心服した武士であり、頼朝の前妻の親族である伊東氏の当主祐親が、平家方に味方した武士であったことによると考えられる。一方政子は、関東の武士たちにとって、その多くが同じ道を歩んだ頼朝方に結集する部隊の、信頼できる味方の一員とみられていたのであろう。父・北条時政が平家方の一員として朝廷の警護役の大番役を務めていたにもかかわらず、その父さえも源氏に味方させた政子の婚姻は、称賛されて当然であった。しかし、平氏方の伊東氏同様、平氏時代の北条氏は、鎌倉幕府の成立にとって記述すべき対象ではなかった。そのため政子ははじめから『吾妻鏡』に頼朝の妻として描かれたのであり、政子の生まれたころの話や、どのような子供時代を送ったかなどは、関心の「外」の事項であって、記す必要もなかったのである。

## 三　頼朝の旗上げと「御台所」の登場

### 二人の絆

妻となる時点で、独自の性格すなわち積極性をみせた政子は、『吾妻鏡』でどのように描かれはじめるのであろうか。

治承四（一一八〇）年四月、平氏追討を命じる以仁王令旨《もちひとおうりょうじ》が発せられ、平氏政権を倒そうという機運は増大しはじめた。平氏はこの動きを受けて、六月に都を京からさらに西の福原（現神戸市兵庫区）に移す。

一方関東では、頼朝は伊豆国蒲屋御厨《かまやのみくりや》の住民に対して、土民に対する非法を停止するよう命じる文書を出している（八月十九日条）。つまり伊豆など東国の秩序保持の権限を頼朝が持っていることになる。この宣言の根拠を、頼朝は、先に出されていた以仁王の令旨によって「諸国荘公皆御沙汰たるべし」という諸国に対する命令権を得たからだと説明している。以仁王から求められたのは、味方となって戦いに勝ったならば、まず諸国の使節を預け、以仁王即位ののちに報奨する、というものであり、以仁王はその直後土佐に配流されてしまったのだが、頼朝方では令旨の内容をのちのちまで生かして使ったのである。拡大解釈のきらいがあるとはいえ、東国の住民に対して頼朝がはじめて治安維持の権限は自分にあるのだと宣言した意義は大きい。『吾妻鏡』は「これは関東のことを施行《せぎょう》した始めである」と述べている。「施行」とは執政のことである。頼朝は以仁王の令旨に依拠して、関東の警察権すなわち執政権が自分の手にあることを世間に宣言したのである。

頼朝にとって画期的な、東国に対する命令権を握った時点で、御台所としての政子は登場する。これ以前から、頼朝のまわりには武士たちが集まり、平氏方との戦闘が行われていたが、頼朝は続けてきた「勤行《ごんぎょう》」が、戦場に出ると続けられなくなることを嘆いていた。それを知った政子が、自分の信頼する「法音尼《ほうおんに》」という女性に「お頼みなさいませ」とすすめた。尼には「心経十九巻　八幡　若宮　熱田（中略）観音経一巻　寿命経一巻（中略）阿弥陀仏名千百遍」という目録が手わたされている（治承四年八月十八日条）。

頼朝はこの言葉に従って、勤行を政子と法音尼に委ね、「東国沙汰権」をはじめて発動して、「蒲屋御厨」の住人に対する「史太夫知親《したいふともちか》」の知行権を停止させた。そして政子を伊豆の走湯山《そうとうざん》に預け、自分は伊豆から相模に向かい、合戦の渦中の人となる。政子がはじめて『吾妻鏡』に登場するのは、この走湯山に身を隠すという場面からである。

さて、政子が伊豆の走湯山に身を潜ませるにあたっては、頼朝と走湯山とのあいだにこんな経緯があった。相模国土肥《さがみのくにどい》は幕府成立期の最も重要な地であり、頼朝に心を寄せる武士たちは、土肥から走湯山を通って、北条に来ていたのだが、武士の行き来が激しくなるにつれて、寺にもさまざまな被害が生じるようになった。そのため、山の衆徒などが「狼藉」をやめてほしいと頼朝に訴えた。そこで頼朝は、合戦が終われば「伊豆一所、相模一所」の荘園を寄進するとの自筆の文書を八月十九日に与えている。これによって、走湯山の衆徒たちの憤りもしずまったので、その晩、政子は走湯山の文陽房覚淵《もんようぼうかくえん》の坊に居場所を移したのである。

この経過をみると、頼朝と政子の二人は互いに相手の身を思いやって、頼朝は政子を安全な場所に移してから平定戦に向かい、政子は留守を守りつつ頼朝の続けてきた勤行を継承するという、見事な連携プレーを成し遂げていることがわかる。

その後頼朝が伊豆・相模の御家人を率いて土肥郷に出陣すると、三浦義澄《よしずみ》、義連《よしつら》、大多和義久《おおたわよしひさ》、義成《よしなり》、和田義盛、義茂らが続々と駆けつけ、石橋山の合戦、箱根山などでの合戦を経て、安房国へ渡り、九月にはさらに上総まで進むことになる。

長い頼朝の留守中、政子には合戦のようすも知りようがなかった。そのため頼朝は安房国へ向かう時、土肥遠平《どいとおひら》を使いとして政子のもとに遣《や》るなどの配慮をみせている。政子は頼朝の安否もわからず、ひとり悲しみにくれていたところであったが、ようやくいったんは安堵したという。こうした夫婦の絆・信頼関係を基礎に、夫は関東で以仁王の令旨を掲げて平氏方と戦い、妻は走湯山に身を潜めて留守を守り、勤行を続ける、という役割分担がなされたのである。

当時、貴人の正妻は「御台所」と呼ばれた。政子が御台所として『吾妻鏡』に登場したのは、まさに政子の一生が頼朝の正室としてはじまったためであった。夫・頼朝と役割を分け合い、将軍・頼朝と対等な御台所として、鎌倉期の人々にとらえられていたためであると思う。

## 四　政子の出産と亀の前事件

治承四（一一八〇）年の秋から冬にかけて、頼朝は上総《かずさ》から下総《しもうさ》に進んだ。千葉氏など参集する武士たちも続々と増え、大部隊となった。そして鎌倉を本拠地と定め、大庭景義を奉行として、邸宅の建築を始める。すると御台所・政子も走湯山から鎌倉に入り、大庭氏はその迎えの役も務めるのである。頼朝と政子はこのように相呼応した行動をとっている。鎌倉入りしたのは政子が先で、頼朝はこの後、相模国府や常陸国府で論功行賞などを行い、十一月の半ばになってようやく鎌倉に帰ってきた。頼朝一家の邸宅の近くには、すでに生まれていた長女・大姫の邸を建て、鶴岡若宮を造営している。翌養和元（一一八一）年七月ごろには、鎌倉に頼朝邸や鶴岡若宮が出来あがっていたようである。

### 御家人たちの「御台所」

ところが養和元年の十二月、政子が病の床に臥《ふ》せった。すると頼朝のもとに参集した武士たちが政子の容体を心配してこぞって将軍邸のまわりに集まってきた。「営中上下群集」という記事が『吾妻鏡』に見える。ほんとうのところは、おそらく妊娠したためのつわりであったと思われるが、政子が武士たちに敬愛される御台所であったことがわかる。関東の武士たちにとって、政子はたんに頼朝の妻であったのではなく、苦しい旗上げの時期に頼朝と役割を分かちあってきた主君「御台所」と映っていたのだろう。そうでなければ頼朝配下の武士たちがなぜこれほど集まってきたのか、その意味は解けないのである。

この妊娠の結果授かった男子がすなわち頼家である。政子の懐妊の知らせを受けた頼朝は、かつて平氏方として頼朝を悩まし、このころには捕われていた伊東祐親に恩赦を与えようとした。しかし伊東祐親はわずかのすきをねらって自殺してしまう。伊東氏は平家方としての意地をとおしたのであった。

政子の妊娠は順調に経過し、三月九日には「着帯」を行う。千葉常胤《つねたね》の妻が献上した帯を頼朝自らが結び、丹後局という女房が宴に陪膳している。

この妊娠中に頼朝が政子のために行ったことは、もう一つある。それは鶴岡若宮の参詣道の土木工事である。由比浦から若宮までの道は曲がっており、海岸から若宮を見とおすことはかなわなかった。かねてより頼朝はまっすぐにしようと思っていたのだが、「御台所の懐妊の御祈り」のためにこれを実行したのだという。北条時政以下の武士たちが土や石を運んだ。これら二つの事実をみたかぎりでは、頼朝と政子の夫婦仲は理想的なむつまじさにみえる。ところが頼朝はこのころから別の顔を『吾妻鏡』にのこしはじめるのである。

## 頼朝の密通

寿永元（一一八二）年六月、頼朝は「御寵愛妾女亀前」を小中太光家《こちゅうたみついえ》の小窪の宅に招き据える。この女性は一年ほど前から頼朝が「御密通」していた女性である。「亀の前事件」はこうして表面化した。

一方政子は七月十二日、お産が近づいたので比企谷《ひきがやつ》の邸宅に移る。いわゆる「お産所」として、普段の住居とは別のところへ移ったのである。お産の雑事をとりしきる奉行は梶原景時である。このように御台所のお産には男性がかかわっており、かかわるばかりでなく、男性武士が奉行となって務める、武家政権の重要な公的政務であったのである。近世、近代に、お産には血の穢れがつきものだとされ、女性のみが関与すべき閉ざされた私的な問題と考えられてしまうが、鎌倉期のお産は、男女ともにかかわる公的な姿であったことは注目してよい。

頼朝はこの政子の二度目の懐妊時に、さらに別の女性とも問題を起こしている。それは七月十四日に頼朝が新田義重の息女で頼朝の兄の後室である女性に、御家人・伏見広綱《ふしみひろつな》を通じて艶書を送ったという事件である。自分の兄嫁にあたる人にラヴレターを送るという、けしからぬ事態にまでいたっていたのである。しかしこの件は新田が、政子があとで事実を知っては困ると用心して、すぐに息女を帥六郎《そち》に再婚させたため、事なきをえた。『吾妻鏡』がこの新田の息女の件を記載したのも、新田の判断と行為が理にかなったものとみたためであると考える。正室・政子がありながら頼朝が他の女性と関係を持つことは、武士階級の主君としては許しがたい行為であった。この件との比較もあって、だれも止めに入ることのなかった亀の前に対する頼朝の寵愛も、非難されて当然の行為、すなわち「密通」であると記されたのだと思う。

## 若君誕生

政子は八月十一日に産気づき、頼朝が御産所にやってきた。他の武士たちも続々と集まってくる。政子のお産が近いとの知らせで、「在国の御家人等、近日多く以て参上」とあるから、あらかじめ鎌倉近辺に来ていた御家人たちは幕府のまわりに集まりはじめたこ

**お産の現場**
『北野天神縁起』（承久本）より（京都市　北野天満宮蔵）

とがわかる。政子のお産は関東の御家人がこぞって期待し、待ち望んでいたものであった。

八月十二日、政子は男子を無事出産した。これが頼家である。「乳付の女房」（授乳する乳母）に河越重頼《かわごえしげより》の妻（比企尼《ひきのあま》の娘）が選ばれ、御家人たちは「代々の佳例」に従って護刀《まもりがたな》を献上している。誕生から二カ月以上を経た十月十七日、政子と若君は御産所から自邸に帰ってきた。この日、比企能員《よしかず》は「乳母夫《うばふ》」として頼朝一家に贈り物を奉る。実際には比企能員は比企尼の甥であり、尼の娘が乳母なので、乳母の夫という称は事実とは異なるのだが、尼が頼朝の乳母を務めた功労者で、しかも永暦元（一一六〇）年平治の乱により頼朝が伊豆に配流された時、忠節を尽くし、武蔵国比企郡を与えられたほど、頼朝にとっては恩義の深い女性であったことから、甥の能員が相続権をもたない養子つまり「猶子」として推薦されたためである。

こうして乳母も決まり、頼朝の後継者たる若君は、御家人たちの期待と歓呼のなかでこの世に生まれてきたのである。

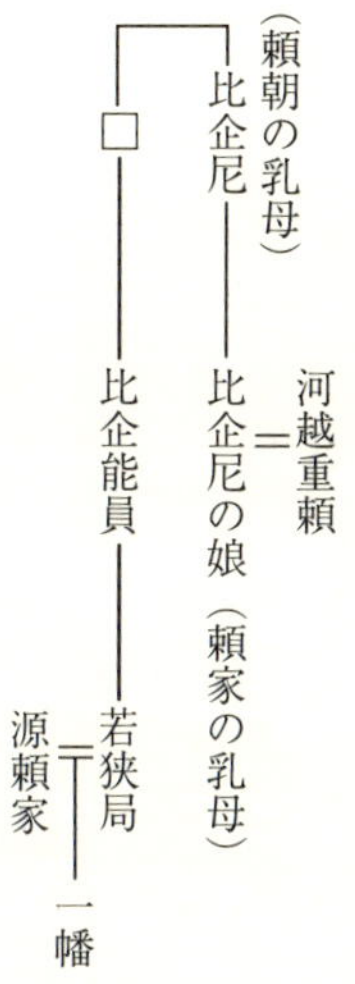


【比企氏略系図】

### 浮気の発覚

政子は妊娠中に起こった亀の前と頼朝の密通を、父・北条時政の後妻（政子の義母）である牧の方から知らされる。このことを知って政子は憤った。そして政子は牧一族の牧宗《まきむね》親《ちか》に命じて、亀の前を匿《かくま》っていた御家人・伏見広綱宅を「破却」（破壊）させ、広綱に恥辱を与えた。広綱は亀の前をともなって、別の御家人・大多和義久の鐙摺《あぶずり》の宅に移る。翌々日そこを訪れた頼朝は、怒って宗親の髻《もとどり》を切り、宗親に恥辱を与える。その時の頼朝の言い分は「御台所を重んじるのは神妙なことだが、このようなことは、どうしてあらかじめ自分に知らせなかったのか」というものであった。宗親は泣く泣く逃亡した。

頼朝は鬱憤《うっぷん》を牧氏に向けて晴らして、鎌倉に帰ってきた。ところがおさまらないのは牧氏一族であり、牧の方の夫である北条時政は、突然、鎌倉を離れ、伊豆に引きあげてしまう。これは頼朝に対する不服従の意志を表す行動である。あわてた頼朝は梶原景季《かげすえ》を時政の子で、政子の兄弟である義時のもとにつかわし、真意を聞き出し、父に従わないことを知ってほめるのである。

亀の前は十二月になると元の小中太光家の小窪の宅に帰ってきた。亀の前自身は御台所の「気色《けしき》」（機嫌）を大変恐れていたが、頼朝の寵愛は日をおって増したので、仰せに従っていたという。頼朝の密通は元の状態に戻ってしまったかたちになった。

ところがこの事件の結末は別の形をとって決着することになる。十二月十六日、亀の前をかくまい、牧宗親に宅を破壊された伏見広綱は、遠近国（静岡県）の僻地に流されるという処罰を受ける。その理由を『吾妻鏡』は「御台所の御憤り」のためだと記す。つまり政子の怒りを慎めるため、頼朝は自分にとっては忠臣である伏見氏を自らの手で処罰しなければならなかったのである。

## 亀の前事件の意義

亀の前事件の経過をみると、いくつかの興味ある点が指摘できる。まず第一に、政子は伏見氏という御家人の家を破却させる権限を持っていたことがわかる。結末部分からは、御家人の処罰を頼朝に行わせることができたこともわかる。自ら行使した破却権と頼朝に行使させた権限とでは、違いがあるが、御家人の非を糺《ただ》す権限は武家の棟梁である頼朝だけが独占していたのではなく、御台所も同様の権限を持っていたことが示されている。政子が夫にならぶ権限を持つことができたのは、まさに正室（御台所）であったためであると思う。

第二に、亀の前事件は、これまでの研究では政子の嫉妬深さを表す事件だとされてきた。政子の処罰が伏見氏の住宅破却として現れ、またのちに伏見氏は配流の処分を受けたからである。しかしこの事件の本質は、右に述べた御台所の処罰権の行使にあるとみるべきである。政子の嫉妬が理由であったならば、政子は亀の前を処罰しただろう。嫉妬からでた行為ならば、亀の前自身をなんとかするのが最も効果的であったからである。しかし政子は亀の前を処分してはいない。政子が嫉妬深い女性であったことの証拠とするには、この事件はふさわしくない。

第三に、牧宗親に対して頼朝が、「御台所を重んじるのは神妙なことである」と述べた点があげられる。御家人が主君・頼朝の命令に従うのは当然であり、その正妻の意志を尊重することもまた重要な義務であって、正妻の意志を尊重してこそ「神妙」な人物だとほめられるのである。ここにも、御台所すなわち正室が、主君と並ぶ、御家人にとっての

「主人」「主家」であったことが示されている。御家人が主従関係を結んだのは、頼朝だけでなく、政子、大姫そして生まれたばかりの頼家を含む「源家」であったことがわかる。

第四に、関東武士の社会での親族・姻族結合の強さである。牧の方は政子の父の後妻であるが、その一族に与えられた恥辱を、北条時政は自己に与えられた恥辱と受け止め、頼朝への臣従を解消しかねない危険が生じている。義時は父に従わなかったので頼朝にほめられたが、その時自分では「是非」について一言も発言しなかった。心中は複雑であったのだろう。主君の命に従う意志と親族・姻族結合を尊重する意志の、双方が当時の武士にとっては重要であったのである。

第五に、この事件は政子が頼朝の多情さに対して憤りを爆発させ、さまざまな点で反省を求めようと実力行使に出たとみるのが、本質を突いているように思う。亀の前を害することなく、その人をかくまった伏見氏を処罰させた。特に配流という罰を頼朝に行わせていることが重要である。頼朝からみると、先の命令とは正反対の命令を出したことになる。「朝令暮改」ともいうべき恥ずかしい事態となった。頼朝に主君としてのあり方（命令は一様であるべきこと）、主君らしい堅実な生き方（正室以外に御家人の娘に手を出したりしないこと）を暗に示唆しようとしたのが、亀の前事件での政子の態度からうかがえる。政子の怒りの対象は亀の前ではなく、頼朝であったのである。

## 五　大姫と志水義高

### 政子の娘

政子と頼朝のあいだの長女・大姫は、政子の結婚後すぐに生まれたようである。というより、現代の言葉でいえばいわゆる「できちゃった結婚」であろう。大姫について『吾妻鏡』の記載はごく少ない。鎌倉後期に幕府関係者によって記された『吾妻鏡』が将軍家の継承者としての男子に重点をおいて編集したためであろう。そこで大姫については『源平盛衰記』など脚色の加わった他の史料を加味せざるをえない。その『源平盛衰記』によると、大姫の誕生は治承元（一一七七）年、まだ頼朝が流人として伊豆にあったころのことであるという。

大姫誕生という既成事実を受けて、頼朝との結婚に反対であった北条時政もしぶしぶ頼朝と政子の婚姻を承認したらしい。時政自身は政子を伊豆の目代・山木兼隆に嫁がせようと思っていた。ところが政子は自分の意志で、暗い夜道を雨に濡れながら頼朝のもとに走ったのである（『吾妻鏡』）。「暗い夜道……」の部分は政子自身が述べているので事実である。婚姻の事実があったうえに子ども（大姫）まで生まれるとあっては、親として娘の婚姻を事後承認するしかなかったのであろう。

政子の行動が父親を大きく変えたことは一節でも述べた。時政はそれまで平家方として行動してきた。永暦元（一一六〇）年には、伊東祐親とともに蛭ヵ小島（韮山町）に配流された頼朝の監視役を務め、嘉応二（一一七〇）年には、伊豆大島で反乱に立ち上がった源為朝征伐に従軍している。それに治承元（一一七七）年には、平家方として京都で大番役を務めていた。その時政の留守中に、政子は頼朝のもとに走ったのであろう。

年来平家方として忠実に務めてきた時政を変えたのは、政子の婚姻と大姫を生んだという二つの既成事実であった。時政は伊東祐親と異なり、娘の意志をくんで自分の生き方を変えている。その点に非凡なものを感じる。

## 許嫁・志水義高

大姫は成長してのち、源氏の一族・木曽義仲の子息で、寿永二（一一八三）年から鎌倉の頼朝のもとにおかれていた志水義高《しみずよしたか》と婚約する。『吾妻鏡』は頼朝の「婿」であるとも記す。しかしすでに婿になっていたのではなく、婿となるべき人であったという意味であろう。この志水義高に災難がふりかかるのは、元暦元（一一八四）年のことである。

木曽義仲は以仁王に応じて挙兵し、養和元（一一八一）年以後北陸道を平定したが、平家の大軍と頼朝方との対立に直面したため、子息・義高を頼朝方に送り、頼朝と手を結んだ。その後、平家軍を破った義仲は頼朝に先んじて入京し、伊予守に任じられたものの、後白河上皇と対立し、息子を人質として送るという政治的工作もむなしく、寿永三（一一八四）年正月、頼朝に派遣された源義経・範頼軍に敗れて近江粟津で戦死したばかりであった。この間、義高は鎌倉の頼朝のもとにいたのである。

その義仲の死後わずか三カ月、頼朝は大姫の許嫁《いいなずけ》・志水義高を誅殺しようと、そば近く仕える武士たちに密命を下した。ところが大姫づきの女房たちがこのことを聞いて、密かに大姫に知らせたので、女房の姿に身をやつした義高は、大姫の女房に取り囲まれ、逃亡に成功する。身代わりの海野幸氏が平然と義高のように振る舞っていた。しかし夜になって事は露顕した。頼朝は烈火のごとく怒って、堀親家以下の軍勢を派遣し探索にあたらせた。大姫は動揺し「魂を消す」思いをしたと『吾妻鏡』は記す。治承元年生まれだとすると、この時大姫は八歳である。義高の生没年は不明であるが、その父義仲の亡くなったのが、三十一歳である点から考えて、十歳前後であったと思われる。

五日経って、堀親家が鎌倉に帰り、志水義高が入間河原で誅殺されたことを密かに報告する。しかしこのことを漏れ聞いた大姫は、悲しみのあまり水分の摂取を自ら絶つ。政子は大姫の心中を察してたいそう心をいためた。源家に仕える男女も多くの者が嘆き悲しんだという（元暦元年四月二十六日条）。

## 義高殺しの余波

この事件はさらに展開する。五月一日、頼朝は、志水義高の同族・従者たちが隠れている甲斐・信濃等の国で反逆が起こりそうだという風聞があるとして軍兵をつかわし、征伐するとの命令を出す。足利義兼と小笠原長清は甲斐に、小山《おやま》、宇都宮、比企、河越、豊島、足立、吾妻、小林は信濃国に向かい「凶徒」を捜し求めるように、和田義盛と比企能員はその他の相模、伊豆、駿河、安房、上総の武士を引き連れて十日に進発せよとの仰せであった。二日には諸国から御家人が集まり、鎌倉は人であふれかえる状況になっている。

ここにおいて頼朝が志水義高を無理に殺害した本意が明らかになる。つまり頼朝は木曽義仲とともに、彼に味方した甲斐や信濃の武士たちを、一掃したかったのである。義仲の息子・義高はそのための口実として、血祭りにあげられたのである。その際の理由は「義仲は勅勘を被って（天皇の怒りに触れて）誅戮された、だからその子としてその意趣は計りがたい」から、というものであった（元暦元年四月二十一日条）。義高がはっきり頼朝に反逆したわけではなく、将来反逆するかもしれないという予測のもとに、先回りして義高を殺させた。そのことをふたたび口実にして、甲斐や信濃の武士の平定戦を仕掛けたのがこの事件の展開の第一段階である。頼朝が、将来にわたる不安材料を、芽が出るか出ないかのうちに摘んでおくタイプの「大政治家」であったことがよくわかる。

展開の第二段階は、六月二十七日に起こる。志水義高を殺した当人である堀親家の郎従が晒《さら》し首に処せられる。重い罰である。なぜこのような罰を与えられたかを、『吾妻鏡』は「御台所の憤りによって」であると記す。晒し首に処すとの命令は頼朝が出したのであるが、処罰を頼朝に強硬に迫ったのは政子であった。その政子の強い態度の背景には、義高が殺されて以来、大姫が病床に伏し、日に日に憔悴しているという事実があった。「志水の誅戮によって大姫は病気になったが、それはひとえにこの男〔堀親家の郎従〕の不義から起こっている、たとえ頼朝から殺せという仰せを被っていたとしても、どうして内々に姫君方へ子細を申し上げないのか」と政子は怒ったので、頼朝は言い返す術がなく、この男を「斬罪」に処したのであった。

第二の展開が先の亀の前事件と関連していることは明白である。政子は大姫の憔悴を見て、政治の場の外から頼朝批判を行った。その時根拠にした論理は、かつて頼朝が牧宗親の髻《もとどり》を切って恥辱を与えた時に使った「このようなことは内々に、どうして先に自分に言わなかったのか」であった。頼朝がかつて御家人を処罰した論理を、政子は逆手に取って自分の論理として使用したのである。そのため頼朝はその論理を否定することができず、しぶしぶ堀氏の郎従を重い刑で罰するほかなかったのである。

さらに付け加えると、『吾妻鏡』が、頼朝の論理を逆手にとった政子の反論やそれによる頼朝の処罰まで記載していることに、鎌倉期の武士階級の、頼朝の政治性は評価しつつも、政子の行動にも意義を認める考えがにじみ出ているように思う。『吾妻鏡』は大姫の、義高の死を知った直後の悲しみのあまりの「水絶ち」についても「理運というべし」、それも道理である、と賛同する記載を残している。人間性あふれる見方を随所にのこしている点、それも頼朝に反抗する人々にもやさしい眼差しを向けている点に、『吾妻鏡』の公平性、したがって史料的価値の高さが現れていると感じる。

## 六　宮菊のこと

木曽義仲には妹がいた。名前を「宮菊」という。兄・義仲が頼朝軍によって殺され、甥の義高も暗殺されるという不幸な境遇に見舞われたこの人を、頼朝・政子夫妻は猶子にな す契約をしていた。猶子とは、財産相続を伴わない養子関係をいう。財産は分け与えないが、親子としての愛情は注ぐという関係である。宮菊は美濃国にいるままで、頼朝夫妻と猶子関係を結んでいたが、文治元（一一八四）年京に上ってきた。ところが内乱期の、政権を握る者が目まぐるしく変わるこの時期に、宮菊を利用しようという者たちが現れた。この女性の威勢を目当てに宮菊の従者であると称して、とっくの昔に意味をなくした古文書を捧げ、知行してもいない所領を宮菊に寄進したのち、その「使節」だと称して荘園などを横領するありさまであった。その噂は関東にも聞こえていたので、世間では宮菊のことを「物狂の女房」だと言っていた。こうした状況を放置できなくなったため、頼朝は、彼女の「濫吹《らんすい》」（法に依らない乱暴）を停止させ、従う者を搦《から》め取って関東に連れてくるようにと、在京の御家人などに命じている。ただし、同じ源氏一族のなかに良くない者が混じっているとなれば世の誹《そし》りを招くため、文書には「物狂」と書いたものの、宮菊を哀れに思って、関東にやってくるようにと内々にいさめつつも助言している。

頼朝の要請に応じて、この年五月に宮菊は京都から鎌倉にやってきた。鎌倉入りを決心したのは、頼朝が招いたからという点もあるが、その理由について『吾妻鏡』は「御台所殊に憐れまれた」と記しているから、政子が鎌倉に来て誤解を解くようにと熱心に勧めたからではないだろうか。宮菊は「武士がたくさん所領を押領したというのは、まったく知らないことです」と陳述している。それを聞いて政子も「義仲は朝敵として討罰されたが、宮菊はなんの悪気もない女性であり、どうして哀れみをかけないでいていいのでしょうか」と述べたので、頼朝は美濃国遠山荘内の一村を与えている。

宮菊にかけられた嫌疑は本人の知らないものであったようである。本人が知らなくても、義高の場合は、将来頼朝に刃向かうかもしれないという、根拠のうすい不安から、暗殺されてしまった。政子はこの苦い経験を二度と繰り返させないように努力したのではないか。政子は宮菊の境遇を哀れみ、頼朝に誤解されないように、早手回しに鎌倉での弁明の機会を持たせたのであろう。政子の、姻族源氏への思いやりは、このような周到な弁明という作戦を取らせた点によく現れているのではないだろうか。

木曽義仲を討伐するために差し向けられた源義経でさえ、このころには頼朝に嫌われ、身柄を梶原氏に拘束されるという状態であった。源氏一族は頼朝のもとにのみ権力が一元化され、一族の人間であっても政敵として排除されつつあるのが現状だったのである。そのような時に、女性であるとはいえ、源氏の一員が当の頼朝の正室・政子によって保護されている点は興味深い。頼朝も宮菊が女性であったから、将来に対する不安と疑念も少なかったのであろう。女性である点は宮菊には幸いした。その宮菊を救った功労者は北条という他家から入った政子であった。ということは、政子が、親族・姻族のこと、娘・大姫とその許嫁を思いやるやさしさという個人的な資質を持っていたことを示している。

## 七　政子の「貞女」観

### 義経と頼朝

源氏一族のなかで、頼朝が最も危機感を持って注視していたのは、木曽義仲亡き後、義経であった。義経は頼朝の異母弟であり、母は常磐《ときわ》である。母の身分は頼朝の生母である熱田大宮司・藤原季範《すえのり》の娘よりも低かった。いわば常磐は頼朝の父・義朝の側室である。義経は父が平治の乱で敗死した時、乳児であったために、許されて鞍馬寺で成長した。その後奥州の藤原秀衡《ひでひら》を頼っていたが、治承四（一一八〇）年兄・頼朝の挙兵に応じて駆けつけ、兄・範頼《のりより》とともに頼朝のもとで数々の手柄をたてる。なかでも木曽義仲追討や一の谷、屋島、壇の浦合戦では、輝かしい成果を挙げた。しかし義経に配属された関東武士、特に梶原景時とは意見が合わず、その讒言《ざんげん》（他人をおとしめるため事実をまげて悪く言うこと）にあい、文治元（一一八五）年のころには、頼朝の不興はますます強くなっていた。

義経といえば恋人として有名な静《しずか》の名が思い浮かぶが、義経の正室は河越重頼の娘であり、「しつやしつ」の歌と舞で知られる静御前は妾《めかけ》であった。義経と河越の娘との婚姻は、兄・頼朝の命令によって寿永三年（一一八四）九月になされたばかりであった。このころ頼朝は義経が勝手に任官したのを怒っていたが、平氏の追討に義経を必要としていたために、京にいる義経のもとへ河越氏の娘をつかわし、結婚させたのである。正室となるべき娘は、家子二人、郎従三十余人を従えて門出するという、立派な婚儀をあげていた。

この婚姻の翌年（文治元年）十月、頼朝にとっては不快極まりない「頼朝を追討せよ」という宣旨《せんじ》が源行家（頼朝の叔父）、義経に出される。そのことを、軍勢を率いての上洛途中に聞き、鎌倉に引き返した頼朝は、九条兼実の尽力を得て、十一月「行家、義経を追討せよ」という反対の院宣を得ることに成功するのである。

十月の「頼朝追討宣旨」から、十一月の「行家・義経追討宣旨」への逆転もまた、見事な頼朝の政治力による。義仲と平氏の両方を討伐するという大きな功績をあげた義経は、功績を頼朝に捧げるかたちで、政治の前面から追いやられることになった。

頼朝は義経追討の院宣を獲得すると、すぐに義経の正室の実家である河越重頼の所領を取り上げ、伊勢国香取《かとり》五ケ郷を大井氏に与え、その他の所領は重頼の老母が預かることになった。重頼の婿である下河辺《しもこうべ》政義《まさよし》も所領を没収された。これは義経の姻族に対する縁座である。重頼の妻が縁座を免れたのは、彼女が比企尼《ひきのあま》の娘で、頼家の乳母であったためである。重頼の妻自身の役割・職務が考慮されたことがわかる。

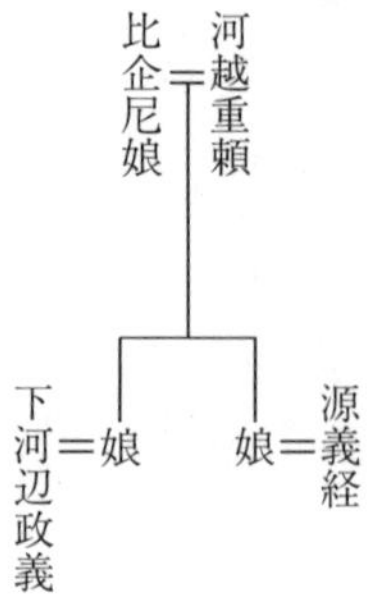

【河越氏略系図】

「行家・義経追討院宣」が十一月十一日に出され、河越氏一族の処分がすばやく行われたのち、十一月二十五日には宣旨が出され、先の院宣が確認されるが、この宣旨には特別の意味が込められた。すなわち「関東では、謀叛人の追討のために毎度武士を派遣するのは経費負担が大きすぎる、これを機に国衙荘園ごとに守護地頭を設置なされば、恐れることもないでしょうから、早く申請なさいませ」との大江広元の進言を、頼朝が感心して採用していたからである。この宣旨が出たことによって、「反逆」者行家・義経の逮捕を口実に、「守護地頭の設置」という大変革が行われることになるのである。頼朝は周囲の有能な御家人、また京の九条家など関東「引汲《ひきくみ》」（ひいき）の公家の援助を得て、政治的駆け引きを駆使し、大きな権限を朝廷から得ることに成功したのである。義経はまたも頼朝に利用されたのである。

### 静の決心

義経が頼朝に追われる身となって以後、静は頼朝方の手の者に捕えられ、鎌倉に送られてきていた。その静の舞を、政子が頼朝と一緒に鑑賞したのは文治二年（一一八六）のことである。そのころ義経は、大物浦で別れた静と吉野山で再会したのち、再び別れ、多武峰を経て、陸奥《むつ》の藤原氏を頼って落ちのびていた。静は吉野で捕えられ、京の北条時政のもとにあったが、義経の居所を尋問するため鎌倉に連れてこられていたのである。四月八日、頼朝・政子夫妻が鶴岡宮に参詣し、そのついでに静を呼んで舞を舞わせることになった。それまでにも舞うように命じていたが、静は病を理由に拒んでいた。静は白拍子であ

「白拍子」（右）と「曲舞々」
『七十一番職人歌合』より（東京国立博物館蔵）

り「舞曲」の名手であるとされていたので、「都へ帰るのも近いから、その芸を見ないのは無念」だと、政子が主張して、舞を鑑賞することとなったのである。

鶴岡八幡宮に呼び出された静は、「よし野山みねのしら雪ふみ分て　いりにし人のあとそこひしき」「しつやしつ　しつのをたまきくり返し　昔を今になすよしもかな」の歌を歌い、舞ったのである。これを見て頼朝は「八幡宮の宝前で芸能を演じる際には、源氏の神八幡神の前なのだから、関東の武家政権をことほぐ歌をうたうべきである。にもかかわらず反逆者義経を慕い、別の歌をうたうのは怪《け》しからぬこと」と不快感をあらわにした。それに反論したのが政子である。「あなたが流人として伊豆にいらっしゃったころ、わたしとあなたは契りを結んだが、父・時政が世評をはばかって私を館に閉じこめられた。けれどもわたしは暗い夜道を迷いながら、しのつく雨の中、あなたの所にやってきました。また石橋山の合戦にあなたたちが出ていかれた時、私は一人伊豆山に残り、あなたの安否も知らない日々が続き、日夜魂を消すような思いをしました。その時の悲しくつらい思いは、今の静の心と同じです。義経との多年の契りを忘れず恋い慕う姿こそ、貞女の姿です。また静の芸は幽玄といえましょう。まげて鑑賞してあげて下さい」と政子は述べている。この言葉を聞くと、頼朝の憤りもさすがに和《やわ》らぎ、しばらくして、纏頭物《てんとうぶつ》（かずけもの）を与えて労《ねぎら》うほどに機嫌もなおっている。

## 非情の頼朝

この引用からみえてくることは、頼朝については、源氏の棟梁として武士達を統率し、新しい政権を建設した自信と、それに裏打ちされた、義経を反逆者と決めつける非情さ、反逆者義経を慕う歌などもってのほかという政治一辺倒の考えである。一方、反論した政子は、自分の青春時代と重ね合わせて、別れ別れになった義経を恋い慕う静の姿を当然のことと肯定し、肯定するだけでなく「貞女」とほめていることがわかる。またその芸についても「幽玄」だと賛辞を惜しまなかった。そこには、義弟である義経とその妾という、頼朝・政子にとっては親族である人々をかばう気持ちがあったと考える。

この場面の評価はこれまで分かれていた。一般的には、頼朝の政治的見識が評価され、政子の反論は感情的な女々しいものとみられる場合が多かった。身辺雑事のことばかりに気をとられ、とかく女は感情に走る政治的見識のない動物であるというのである。しかし私は政子の反論に、頼朝よりはるかに人間味を感じるのである。まわりの反対を押し切って頼朝と結ばれた自身の以前の姿と、反逆者の烙印を押された義経と引き裂かれている静は同じであると政子には思えた。頼れるものは自分自身の行動力しかなかった。静についても、鎌倉で頼朝という大きな権力を輝かせている人物の前で、頼朝に反逆者と決めつけられた義経を恋い慕う歌、昔の、兄弟仲のよかった時代に時を巻き戻してほしいという頼朝批判の歌を歌い、堂々と舞を舞う、その勇気にも感心させられる。政子も静も情勢に屈せず積極的に自分の意志を表明できる人であったことがわかる。

それだけでなく、ここでいいたいことは、政子の反論を『吾妻鏡』が取りあげている点についてである。『吾妻鏡』は鎌倉幕府の中枢に近いところにいた人物が書き記した記録であると考えられるが、御家人の棟梁たる源頼朝の発言だけを史料にのこす方法もありえたのに、『吾妻鏡』の編者は政子の反論まで書き記し、記録として保存したのである。

『吾妻鏡』はこのあとの部分に、静の産んだ赤子を、静の母・磯禅師《いそのぜんじ》が頼朝を恐れて頼朝のもとに差し出したのに対し、政子はこれを知って嘆き、頼朝に殺さないよう取りなした事実を載せている。これも政子の人間性を示す後日談であるが、そのような『吾妻鏡』の書き方からみて、鎌倉期の武家社会では、政子の言動に同意する見方も多かったのではないかと推測する。政子の反論に妥当性を認める見方、親族や姻族のつながりを大切にする見方もまた、鎌倉期の武士階級には広くみられる観念であったと思う。つながりを大切に思う感情は、頼朝のように政治的思惑で弟さえも非情に切り捨てる考えとは相容れないものでもある。

## もう一つの貞女

ここでみておきたいもう一つの点は、政子が静を「貞女」と表現していることである。貞女といえば、ことわざ「貞女二夫にまみえず」が思い起こされる。このことわざは鎌倉時代よりあと、とくに江戸時代以後近代にいたるまで、永く女性に対する教訓的意味合いのもとに語り継がれてきた、儒教道徳の一つである。「貞女」の反対語は「悪女」あるいは明治初期以後の時期に多用された「毒婦」ではないだろうか。貞淑な女は、夫が死ねば再婚せずに夫の仏事を修し、残る生涯を後家としてまっとうするべきだ、との意で使用される。男にはこのような教訓はなく、再婚どころか妾を持つことすら承認されたのに、女だけに、再婚はせず、夫の死後は決まりきった閉じられた生活を押しつけるこのことわざないし教訓は、まさに女性を縛る規範であったといえる。

ところが政子がここで述べる「貞女」は、このようなよく知られる貞女ではない。静が離れ離れになった義経の安否を知らず嘆きつつも、けなげに頼朝に義経との兄弟愛を取り戻させようと努める姿を、政子は自分のかつての姿と重ねて、「貞女」だと表現したのであった。頼朝からどのような罰を受けるかもしれない状況のなかで、身の危険も省みず、むしろ頼朝をいさめようとする姿勢さえ感じられる。つまり政子は貞女についてのもう一つの解釈が鎌倉初期に存在することを我々に知らせてくれたのである。その貞女とは、離れ離れになった夫を、恋い慕い、その身を案ずる妻を指すと考える。

政子が夫・頼朝にこのように堂々と反論できた背景には、政子自身が将軍の正室つまり御台所として、御家人たちから尊敬される位置にあったからでもあったと思う。ただし御台所ならどんな人でも尊敬されたわけではない。政子はこれまでみてきたように、親族や姻族を大切に思い、政治一辺倒でなく、人間的な思いやりと温かい性格の持ち主であり、そうした優れた性質が、従者としての御家人たちには、尊敬すべき正室と映った最も大きな理由であると思う。

政子が静を「貞女」とほめたことを右に述べた。実は『吾妻鏡』にはもう一カ所「貞女」が出現する。もう一人、貞女と表現されたのは大姫である。

## 『吾妻鏡』の貞女観

政子の長女・大姫は婚約者の志水義高を父・頼朝に殺されて以来、「不例」(病気)がちの状態が続いていた。周囲の者が心配していた様子は建久四(一一九三)年八月、当麻太郎という武士が誅殺刑を課されるべきところ、大姫の病気のために薩摩国への配流に減刑されたことによってもわかる。将軍頼朝が減刑するという慈悲の心を示すことによって、大姫に対する神仏の加護を願ってのことであったと思われる。義高の誅殺事件以後大姫は、悲しみのあまり日を追って憔悴したという。義高誅殺から十年が経っていた。大姫の悲嘆は少しも減じなかったようである。このように、婚約者を実父に殺されたという悲しみと憤りを持ちつづけ、病気がちになった大姫を、『吾妻鏡』は「貞女の操行」であるとほめたのである。この「貞女」は政子が静をほめた時の貞女に似通っている。恋人と引き離されることを余儀なくされた女性が、一途にその恋人を思い続ける姿を貞女とみるのが鎌倉期の貞女観であった。恋人が生きているか、死んでいるかは問題ではない。義経は静が鶴岡八幡宮で舞を舞った時点では、まだ亡くなってはいなかった。このように、恋人をどこまでも慕う一途な女性を「貞女」としてほめる観念が、鎌倉期には存在したのである。

## 八　その後の静

四月八日に鶴岡八幡宮で舞曲を披露した静は、その後もしばらくは鎌倉に逗留していた。なぜなら、静は子供を宿していたからである。鎌倉滞在中、芸能に志のある、工藤祐経《すけつね》（曽我兄弟に仇と狙われた人物）らは、静の旅宿に向かい、宴を催している（五月十四日）。大姫が南御堂に二七日（にしちにちと呼ばれる、人の死後十四日目の忌日）の参籠をした時には、満期の日を翌日に控えて、静は南御堂に呼ばれ、芸を施し、禄をもらっている（五月二十七日)。このように、頼朝以外の将軍家の人々、とくに政子と大姫は、少数の御家人達とともに、静の芸を評価し、やさしく接していたことがわかる。

閏《うるう》七月の末、静は男子を生んだ。頼朝の周りの御家人たちのあいだでは、生まれた子が女子ならば母親のものとするが、男子ならば「今は襁褓《むつき》の内にあっても」(乳児であっても)、将来恐れなければならなくなるかもしれない、未熟なうちに命を断つのがよいとの判断が優先され、彼らは安達氏に命じて、生まれた子を由比浦に捨てさせた。静は抵抗したが、静の母・磯禅師が赤子を安達氏にわたしたという。この処置について政子は嘆き悲しみ、別の方法はないかと取りなしたが、決定が変わることはなかった。

九月になって、静と磯禅師は暇をもらい、京に戻った。政子と大姫は静母子を哀れみ、たくさんの金銀宝物を与えたという。

静は八幡宮の芸能披露以後、五カ月鎌倉に逗留していたことになる。その間の扱いは、謀叛人・義経の妾ではあるが、拘禁されたりしたわけではない。それは、静が義経の子の出産を控えていたからだと思われるが、静の舞曲の名手としての評価の高さも理由に挙げられるのではないかと思う。そうした静自身の条件のほかに、政子と大姫、とりわけ政子がそのあたたかい配慮によって常に庇護していたことが、静が無事帰京できた大きな理由であっただろう。

## 九　義経誅殺の意義

### 奥州討伐の真相

吉野山で静と別れた義経のその後の行方は、さまざまなかたちで伝説や文学としてのこっている。もっとも安宅《あたか》の関を弁慶の機転で通過し、奥州の藤原氏を頼ったという歌舞伎「勧進帳《かんじんちょう》」などの伝説は創作であり、実際は、吉野から多武峰に入り、あるいは吉野から比叡山を経て、奥州藤原氏のもとに至ったようである（文治元年十一月、十二月、文治二年三月、四月、閏七月の条）。

しかし文治五（一一八九）年閏四月、義経はその藤原氏の軍勢に囲まれ、自殺して果てる。頼朝の奥州征伐による強い圧力に屈した藤原泰衡が、自ら手を下したのだった。義経は先に、妻（河越重頼の娘）と娘を自らの手で殺している。ところが、頼朝は征伐の手をゆるめなかった。そして八月、ついには藤原一族を根絶やしにしてしまった。

そもそも、この義経討伐の背景には頼朝の政治戦略の匂いが濃厚であった。義経を排除したかったのも事実であろうが、むしろ奥州藤原氏を東国掌握の障害として排除したいという意図が透けてみえる。なぜなら、義経の排除が目的なら、義経が奥州にたどり着いた時点で討伐の手を差し向ければよいのである。ところが、それから三年以上も経った文治五年に奥州征伐に着手したのは、その目的がはじめから、「義経をかくまった」藤原氏を義経もろとも討伐することだったからにほかならない。当時、奥州の覇権を握っていた藤原氏こそ、頼朝が本当に討伐したい相手だったのである。

こうして奥州藤原氏を滅ぼした頼朝は、ついに関東から奥州までを手中にしたのであった。

## 利用された弟

源義経という人は兄弟運に恵まれなかった人である。頼朝とは母違いであるから、育ちはまったく異なる。義経の母は「常磐御前《ときわごぜん》」と呼ばれた九条院の雑仕である。熱田大宮司の娘である頼朝の母親と身分的な開きは大きかった。同じく源義朝の子であっても、嫡男頼朝と側室の子である範頼（蒲冠者《がまのかじゃ》、母は遠江池田宿の遊女）や義経とは、世間の見る目もまったく異なっていた。子供が後継ぎたる嫡子となるか庶子となるかは子供自身の能力差によっても決まるが、まずは生母の身分差によって決定されるのが当時の常識であった。そのため、頼朝に臣下のように使われざるをえない面があったにしても、頼朝の義経に対する利用の仕方は徹底していた。

少年期を鞍馬寺で、また奥州藤原氏のもとで過ごした義経は、治承四（一一八〇）年二十二歳の時、兄・頼朝の挙兵に馳せ参じた。この時感動的な対面をしたことは、静が「時間をこの時にまで巻き戻してほしい」と歌ったことに言い尽くされている。対面ののち、義経やその異母兄・範頼は木曽義仲を追討し、ひきつづき義経は平氏を一の谷で破るという功績を挙げた。しかし、梶原景時らと意見の合わなかった義経は、一転して「行家・義経追討院宣」を出される身に追いやられる。義経を捕えることは口実として使われ、頼朝

**五条大橋の義経と弁慶**
奈良絵本『弁慶物語』より（個人蔵）

はこの院宣を梃子《てこ》にして、国衙荘園毎に守護・地頭を設置する権限を得たのであった。

平氏を壇の浦で討ち崩した功績は義経のものであった。しかしその成果は頼朝のものとなって東国に武家政権を生み出すという結果をもたらした。さらに一一八五年の守護・地頭設置といい、一一八九年の藤原泰衡討伐といい、頼朝の政権奪取と版図拡大の要の事件に、義経は頼朝の政治力によって動かされる駒であったことがわかる。義経の果たした義仲追討、平氏追討の役割は、頼朝の事績に吸収され、義経自身の功績としては歴史にのこらなかったのである。その意味で、義経は兄に恵まれなかった悲劇の人物であったといえよう。

## 十　頼朝の側室

政子は頼朝の正室である。側室としては、流人時代の伊東氏の娘や、政子の頼家出産のころの側室・亀の前のほか、何人かの女性の名が残っている。

建久二（一一九一）年のころ世間に知られた側室は幕府の女房を務める大進局《だいしんのつぼね》である。大進局は伊達常陸入道念西という武士の娘であり、「大進局」という女房名をのこしている点からみて、幕府に仕える女房であったことがわかる。幕府には政子や頼朝のもとで衣食を準備したり、寺社参詣などの外出に奉仕したり、幕府の年間行事の執行や子女の養育にあたる職務を担当するため、男性家臣とともに多くの女房が勤務していた。そのように頼朝が女房に日ごろ慣れ親しんでいるという関係から、女房のなかから側室が生まれたのであろう。

頼朝と大進局との関係は、彼女が子供を生んだことによって関東の人々に知れわたった。政子はこのことをたいそう恨んだという。なぜなら大進局は幕府に仕える女房であるから、むやみに職を解くことができない。また、頼朝が子をもうけ、その子が大きくなっている状態にまで事態が進んでいたにもかかわらず、政子にそのことを知らせていなかったという、頼朝との信頼関係が欠如しているとの思いもあったろう。これらの感情が、恨みとなって表れたのではないだろうか。

政子の恨みをくんで、頼朝は、この女性を京都に送り、京都に近い伊勢国からの年貢を彼女の収入とするという処置を取っている。事が世間と政子に知れた時、この子は七歳になっていたので、乳母一族を決めたうえで、京へ送り届け、仁和寺に入室させることになった。つまり将来は僧侶とすることが予定されたのである。しかし政子の憤りがはなはだしかったため、乳母一族になるように頼朝が勧めても、断る御家人が続出、けっきょく長門景国《ながとかげくに》（大江景国）に命じてこの役を務めさせている。

この経過をみると、側室に対する処置は頼朝自身が責任をとらなければならない問題であったことがわかる。戦国時代ならば、正室がいやいやながら側室の存在を承認し、側室に対する命令と保護の権限を握る、というのが通例である。しかしこの時代には、頼朝は正室・政子の感情を察して、自らの責任で側室の身に関する処置を行わなければならなかった。それだけ、正室は後の時代よりも、夫との対等性をもっていたことになると思う。

## 十一　頼家、鹿を射る

### 鎌倉幕府成立

建久三（一一九二）年という年は、さまざまな変化が日本中を駆けめぐった年であった。三月には頼朝の政敵・後白河法皇が亡くなり、それをうけて頼朝は、かねてより望んでいたものの後白河法皇によって抑止されていた征夷大将軍の地位を、七月、朝廷から授けられる。そして八月には将軍家の政所《まんどころ》が始動しはじめ、幕府の体裁は全国政権として、日本国内にその姿を現したのである。この意義は大きい。平氏滅亡のころまでは、頼朝は東国に朝廷から独立した国家を創ればそれでよいと考えていた節がある。しかしその後、功績のあった義経を追い、奥州藤原氏を討伐するという方向に進んだのは、頼朝の目的が東国のみの独立ではなくなり、全国統一に変わっていったことを表している。

## 政子の息子たち

こうして全国政権としての鎌倉幕府が成立した建久三年の八月、政子は二男・実朝を生む。お産の当日には、鳴弦《めいげん》役（お産の時、破魔矢を鳴らして魔除けにあたる役）に平山、上野氏が、引目《ひきめ》役（破邪・降魔の力をもつとされた引目という鏑矢を射る役）に和田義盛があたり、北条義時、三浦義澄、安達盛長ら六人が護刀《まもりがたな》を献上、小山、千葉氏ら多くの御家人が剣や馬を将軍家に献上した。「御乳付」（乳母）には政子の妹で阿野禅師禅定の妻となっていた阿波局《あわのつぼね》が指名されて参上し、お産の介錯には女房の大弐局《だいにのつぼね》、上野局《こうずけのつぼね》、下総局《しもうさのつぼね》らがあたった。成立期の幕府にふさわしい、御家人男女をあげての喜びのうちに、実朝の誕生が祝われていることがわかる。

伝源頼朝像
（京都市　神護寺蔵）

翌年五月、頼朝は嫡子・頼家を伴

い、富士野へ夏狩りを見に出かけた。この時頼家は十二歳である。この狩りの際、御家人の一人の愛甲季隆《あいこうすえたか》が追い合わせて、うまく鹿に矢が当たるよう仕向けたため、頼家ははじめて鹿を射ることに成功した。頼朝はただちに狩りをやめ、夕刻、その場所で山の神への感謝を捧げる「山神矢口」祭（山の神への感謝の祭り）を行っている。見事少年頼家が狩りで鹿を射ることができたことを神に感謝するほど、頼朝は喜んでいるのである。

さらに頼朝は、梶原景高を鎌倉の政子のもとにつかわした。梶原は馬を飛ばして鎌倉へ戻り、女房を通じてこの出来事を政子に申し入れた。ところが、政子の態度は頼朝や梶原が予想もしなかったものであった。政子はとくに喜びもせず、「武将の嫡嗣《ちゃくし》（あとつぎ）として、原野の鹿鳥を獲ることなど、とくに珍しいことではありません、あわてて、それだけのために使いをよこすなど、無駄なことです」と言ったので、お使いとして帰ってきた梶原はこの旨、頼朝に報告した、と『吾妻鏡』は記すのである。

従来この事件は頼朝の政治的見識の高さに対して、政子の見識のなさを表す事件と評されてきた。征夷大将軍に任じられて一年、跡継ぎの頼家も立派に武家の棟梁となれることを、鹿を射たことで証明することができた。頼朝はそれを衆人の前で披露できたことに満足し、山神に感謝し、愛甲にほうびを与えると約束したのである。頼朝は将軍家の継承が御家人に認められたことを喜んだのであろう。

一方政子は、将軍家の跡継ぎではなく、武士一般の家の跡継ぎとして頼家をみていることがわかる。将軍家の継承能力があるかどうかよりも、武士の家の跡継ぎとしてみれば、狩りで獲物を射止めるくらいは、特別優れた能力でもなんでもない、あまりちやほやしないでほしいと言いたかったのではなかろうか。頼家がその後、頼朝が期待したような将軍家の跡継ぎにはなれず、偏った政治をして、政子の不満が顕在化するが、鹿を射た頼家に対する政子の評価の低さは、その伏線であったような気がする。

# 第二章　「尼御台所」の後見——頼家時代

政子が一心に武家社会の確立のために力を合わせてきた頼れる配偶者・頼朝は、建久十（一一九九）年正月に急死してしまう。確かな記録はないが、落馬が原因であったとの俗説がある。そのため嫡子・頼家が後継者となるが、頼家ははたして幕府を背負って立つことができたのであろうか。頼家時代には政子はどのような役割を果たしたのであろうか。

第二章ではこれらに焦点をあてて述べる。この時代、政子は一貫して「尼御台所」と呼ばれている。頼朝死去ののち、政子は髪を下ろして尼になったことがわかる。しかし不思議なのは、依然として「御台所」の呼称が生きつづけていることである。これはなぜなのか、その理由についても考えよう。

# 一　頼家の政治とその停止

## 鎌倉幕府最初の危機

源頼朝は建久十（一一九九）年正月に死去する。死亡にいたる事情は不明である。『吾妻鏡』には建久七、八、九（一一九六、七、八）年の記事はまったくなく、建久十年も二月から記述が残っているだけだからである。頼朝の四十九日の仏事が三月二日に行われていることから見て、正月の十三日ごろの死亡と推定できる。頼朝の死により、頼家は嫡子として幕府を双肩に担う立場に立った。頼家は一一八二年生まれであるから、この時十八歳であった。年齢的には将軍の継承者として申し分ない年頃ではある。将軍は朝廷から任じられる官職であるから、頼家が征夷大将軍を拝命する建仁二（一二〇二）年八月二日までは、頼家は「羽林《うりん》」（天子を衛る兵）あるいは「金吾《きんご》」（兵器をとって防ぐ官）と呼ばれた。

しかし頼家が武家の棟梁となって行ったことは、頼朝の築いてきた路線とはいささか異なっていた。頼家が最初に頼朝の路線を逸脱したのは、三月五日のことである。讃岐守護職を頼朝から拝領していた後藤基清《もときよ》に対し、罪科ありとして讃岐守護職を没収し、近藤七国平をその職に補任したのである。この事件は頼朝の側近く仕えていた老臣たちに大きな動揺を与えたと思われる。頼朝時代の功績がいとも簡単に白紙撤回させられたからである。つづいて頼家は四月一日、門注所を幕府の外に移すという挙に出る。裁判を幕府以外の場所で行うというのである。このことも、「道理」を尽くして裁判の公平性を守ることを理想とした、鎌倉武士の最大公約数的な見方とは逆であるといわねばならない。頼朝と御家人のあいだで作りあげてきた主従関係や道理尊重の観念が否定される危機が芽生えた。

この事態に直面した幕府は、四月十二日、頼家の親裁停止を決め、今後大小のことは北条時政、義時、大江広元、三善善信、中原親能《ちかよし》、三浦義澄《よしずみ》、八田知家《ともいえ》、和田義盛、比企《ひき》能《よし》員《かず》、藤九郎入道蓮西《れんせい》（安達盛長）、足立遠元《とおもと》、梶原景時、二階堂行政《ゆきまさ》の十三人の重臣の談合によって成敗する、その他の者が理由もなく訴訟のことを取り次いではならないという決定を下す。重臣合議制による政治を、頼家の政治を否定したうえで成立させたのである。

このような政治上の大変革を幕府が行えたのは、だれの力によるのであろうか。重臣たちの不満の声を大きくせず、事態の収拾のために、頼家を政局から退けることができた人、それは、頼家の生母で頼朝の御台所として頼朝時代を築いてきた政子だった。重臣たちからの信頼も政子に対しては厚かった。つまり頼家という嫡子の政治にストップをかけ、より妥当な方法と考えられた合議制へと政治の軌道修正を成しえたのは、「尼御台所」政子以外にはいなかったのである。

将軍候補者でありながら政治からはずされてしまった頼家には、彼自身の問題点があった。それは奇しくも親裁を外されてから、大問題となって浮上する。

## 事の発端

この年（正治元年）七月、安達景盛《あだちかげもり》は三河国へ宮重広らの討伐のために進発した。三河国は父が頼朝から拝領した国であったので、そこに起こった事件をしずめるために手勢を連れて向かったのである。しかし景盛は進んで三河に行きたくない事情も抱えていた。それは、昨年の春、都から迎えていた妾が一時といえども離れるのを悲しんでいたためであるという。が、父・入道蓮西《れんせい》（盛長）が三河守護である以上、国内の取締りを安達氏が執行しないわけにはいかない。盛長はすでに六十五歳であった。そうした事情で景盛は三河に進発したのである。

ところが景盛が三河に発ったとみるや、頼家は側近の中野五郎を遣《や》って乱暴にも景盛の妾（京から来ていた女性）を連れ出し、小笠原長経の家に置き、寵愛するという挙に出たのである。以前から頼家は彼女に手紙を送っており、それは数度におよんでいたが、その女性は決して許諾していなかった。頼家が暴挙に走った理由を『吾妻鏡』は、頼家の「日来色を重んずるの御志、禁じ難きによって」と説明している。頼家は武家の棟梁であるという地位を笠に着て、家臣の妻を奪う暴挙に出たのである。これを暴挙とみる見方は、『吾妻鏡』が頼家の行動を「猥《みだ》りに」（乱暴に）と表現していたことでもわかる。頼家の常識はずれの行動の理由は、頼家自身の「色好み」という性格に起因していたこともわかる。

七月二十六日の夜、頼家はかの女性を幕府の石壺（北方にあったので北向御所とも呼ばれていた）に連れてきて、以後はここに居るように、また小笠原長経など五人の頼家側近以外はここに来てはならないとの命令を出した。

八月十八日、ほぼ一カ月ぶりに安達景盛が三河から帰参した。三河の事件をほぼ解決しての帰参であった。一方頼家は讒言《ざんげん》する者の意見だけを耳に入れて、安達景盛は将軍に怨みを持っているにちがいないと思い込み、小笠原らの軍士を石壺に集め、景盛を誅殺してしまうという命令を出すにいたる。その日の夜には小笠原が安達蓮西（景盛の父）宅に押し寄せたのを皮切りに、鎌倉中の武士たちは武器を取って味方する陣営をめざして集まり始めた。合戦の始まるのは必定という状態になったのである。

## 一触即発

ここに登場するのが政子である。政子はこの情勢をみて、安達蓮西邸に行き、二階堂行光を頼家のもとに使いとしてつかわし、次のように言うのであった。

頼朝公がお亡くなりになってからまだそんなに時間も経っていない。（わずか十四歳であった）姫君（次女・三幡）も六月末に早世され、悲嘆は一つにとどまらないのに、今、戦闘を好まれるようすが見えるのは、まさに乱世の源である。なかでも景盛は頼朝を信頼していたので、頼朝も彼をかわいがっておられた。彼に罪科があると思われるなら、私がすぐに尋問し、成敗もいたしましょう。事実を確かめもせず、誅戮《ちゅうりく》を加えられたならば、きっと後悔されることになるでしょう。それでもなお彼を追罰しようと思われるなら、私がまずその矢に当たりたい。

政子がいち早く頼家の攻撃目標である安達氏の本拠地に乗り込んだことは、身を呈して合戦を防ごうという意図があったことを物語る。そうしておいて、子息・頼家を諌める使者を安達邸から送ったのである。訓戒の言葉も、頼朝と三幡の死という深い悲しみに沈んでいる時期に戦闘を起こすことの非、頼朝と安達景盛のかたい主従関係を考慮しない頼家の無神経さ、事実にもとづかない恣意的な誅伐の不当性の三点から、頼家の無理横暴を悟らせようとしたものである。さらに、これだけ頼家の非を数えてもまだ景盛を討とうとするなら、母親である自分がその矢に当たろう、とまで言っている。身を投げ出しての二段構えの和平策であるといえる。普通なら頼家はここで反省して軍を収めるはずである。しかし政子は、これにつけ加えてさらに周到な合戦回避策を展開するのである。

## 事態収束の見事な手さばき

翌日も政子は蓮西宅に逗留し、安達景盛を呼んで「昨日ははかりごとをめぐらして、いったんは頼家の無謀な行いをやめさせることができたが、わたしはすでに老人である。後々このことを頼家が恨むことがあってもそれを抑えることはできないかもしれない。だから景盛の方から野心はありませんという起請文を頼家に献上しなさい」と言っている。後日この問題が恨みとなって再発することまで配慮し、そのようなことのないようにとあらかじめ起請文を出させることまで考えていた、政子の考え深さ、用意周到さが表れている。景盛の起請文を持って幕府に帰った政子は、起請文を頼家にわたすついでに、頼家に対する二回目の訓戒をなすのである。
政子は言う。

昨日は景盛を誅殺されようとしたが、粗忽《そこつ》の至りであり、このような不義は見たことがない。およそ今の情勢を考えると、国内の守備はなっていない。政治に倦んで民の憂いを考えていない。倡楼《しょうろう》に楽しんで〔他人の妾を我が物にしようとしたことを指す〕、人の謗《そしり》を省みなかったためである。また、召し使っている者たちも賢者哲人に程遠く、多くは邪佞《じゃねい》に属する者たちである。いうまでもなく、源氏は幕府を作り上げた功績のある一族であり、北条は私たちの親戚である。そのため、頼朝公は北条氏を大切にされ、常に座右にお招きになっていた。それなのに今は北条氏に対しておほめの言葉がないばかりか、皆をさげすんで実名で呼ばれるので、各々は恨みを残すという噂がある。それでも、事態に対して冷静な対処をなされたならば、今は末法思想でいう末代であるが、合戦が起こることはないだろう。

文中「実名で呼ぶ」とあるのは、中世においては、「将軍」のように、官職や位名で呼ぶのが礼儀にかなっており、相手を実名で呼ぶのは、相手を侮辱することだからである。

頼家に対する二回目の訓戒の内容は、頼家の政治姿勢そのものへの批判であった。第一に、安達景盛誅伐は道理にかなわないものであるとして、頼家の命令を真っ向から否定した。第二に、現在の将軍候補者としての頼家の政治全体を批判し、国内の治安保持という将軍の務めを果たしていないこと、民衆の憂いを省みず、他人の妾を自分のものにするのにうつつをぬかしていることを非難し、暗に頼家が政治家としての資質に欠けることを表明したのである。第三には、頼家の好む家臣の資質の悪さ、とくに北条氏に対する蔑視を非難している。北条氏に対する頼家の態度は、北条氏を軽んずるものであった。

なぜ頼家が北条氏に対してそのような態度をとったかという理由については、頼家の妻方の親族である比企氏の思惑があったらしいことは、その後に起こった比企氏の乱をみてもあきらかである。しかし政子はそのことをうすうす感じとってはいたとしても、そのことよりも、頼朝恩顧の御家人たちに対する頼家の態度に怒りを感じていた。頼朝の可愛がった御家人は、自分が目をかけた御家人でもあった。頼朝と自分は、将軍とその御台所として、御家人と主従関係で結ばれていたからである。頼家の親裁を十三人の合議制と交代させた点にも、前の将軍の御台所としての確かな目と経験が反映している。政子にすれば、頼朝の御家人は自分の御家人でもあった。したがって、御家人の総意を生かす政治こそ、政子が望む政治であった。その点で、側近のみを優遇する頼家の政治は、政子から手厳しく指弾される対象となったと考える。

以上のように、正月の頼朝の死去、それに続く次女・三幡《さんまん》の死去（六月）という二つの悲しみのなかにあった将軍家は、嫡男・頼家の将軍候補としての政治に期待を寄せたが、頼家の政治は期待を裏切るものであった。後藤基清から讃岐守護職を没収したことからわかるように、頼朝恩顧の御家人の望む方向とは別の政治（少数の側近を優遇する政治）であった。そのため、まず頼家が一人で決定する形態は廃され、十三人の合議によって重要事項を決定する路線が敷かれたのである。こうして政治の中枢にかかわれなくなった頼家は、その腹いせか、本来の素行の悪さにもとづくのか、あるいは両方が原因であったのか、十三人の宿老中の一人である安達氏の子息・景盛の妾を奪うという非道な行為に走る。あわや将軍候補者対宿老という合戦が始まろうという危機を幕府は迎えたのであった。このころの危機的な状況を、御家人の一人結城朝光は「今世上を見るに、薄氷を踏むが如し」と表現している（十月二十五日条）。

この危機を平和裡に乗り切れたのは、政子の働きによる。政子の行動はすばやく、頼家のもとにではなく、頼家の攻撃目標である安達氏の邸宅に乗りこみ、安達氏の側の動きを封じ込め、そこから頼家に訓戒状をわたすという、見事な方法をとっていることにまず驚かされる。頼家は安達氏を敵視してはいても、母である自分に矢を向けることはできないと判断していることがわかる。また訓戒状においても、最初のものは合戦を早急にやめさせなければならないとの意図から、頼朝亡きあとのこの時期に頼朝の信頼していた御家人を討伐することの非を説き、御家人の成敗は自分がする、それに不満で尋問もせずに成敗するというのなら、自分が御家人の矢面に立つとまで述べていた。政子の最初の訓戒の目的は、早急な合戦の回避と、頼朝恩顧の御家人への信頼とその庇護の姿勢を世にあきらかにすることである。

そして第二段の訓戒状では、頼家の政治姿勢をさまざまな面から否定したのであった。今、合戦を回避できても将来の合戦をも防ぐには、安達氏の頼家への起請文だけでは不十分であり、頼家の政治路線そのものに対して、判定を下しておく必要を感じたのであろう。

頼家に対するこうした厳しい訓戒を政子がなしえたのは、一つには政子が実母であって頼家を教え導く立場にあるのは政子だけであったからだと思う。もう一つの理由は、政子が前将軍の御台所であり、今は尼になっているものの、御家人たちの信頼を集めてきたという前史があったためであろう。政子はここに、頼朝の後家として、次の将軍の非をたださねばならない位置にあったのである。長年にわたって培われてきた頼朝・政子と御家人との主従の絆は、頼家が予測したよりもはるかに固いものであったのだろう。

## 二　梶原の乱と頼家政治のあやうさ

### 讒言は身を滅す

安達氏に対する頼家の仕打ちに対して政子が厳しい訓戒をした直後、梶原景時の追放事件が起こる。この事件は、政子の妹で阿野全成《あのぜんじょう》の妻であった阿波局《あわのつぼね》が、結城朝光《ゆうきともみつ》に、「梶原景時が朝光を讒訴《ざんそ》したので、朝光は誅伐を受けるだろう」と告げたことに始まる。梶原氏が讒言を用いることは、かつて頼朝と義経との対立の場面にも梶原の讒言が登場していたことでもわかる。この告げ口がきっかけとなり、結城氏は三浦義村に訴え、逆に六十六人の同盟者を集め、一味同心の契約を結んで、優位性を確立、景時弾劾文を大江広元を通じて、頼家に提出する。受け取った頼家は景時に弁明を求めるが、景時は弁明できず、駿河に下っていった。

こうして梶原氏排斥は成功した。梶原景時は鎌倉を追放され、のちに駿河国で射殺され、一族はさらし首に処され、所領は収公される（正治元年十月二十七、二十八、正治二年正月二十、二十一日条など）。この事件は京都にも伝わり、九条兼実は梶原が鎌倉を追い出されたことを「関東兵乱事」と「玉葉」に記している。幕府の内部に大きな不協和音が鳴り響いた事件であった。頼家時代のこうした危機は、政子の存在と御家人たちの一致協力によってなんとか修復されたのである。

ここで梶原の乱後の縁座について述べておきたい。景時とその一族は射殺されたり、首をさらされたりしたが、こうした縁座の刑を受けなかった女性がいた。梶原景時の息子・景高の妻である。彼女は野三刑部丞成綱《のさんぎょうぶのじょうしげつな》の娘であり、政子の宮女であった。つまり、乱のころ、政子の側に使える女房であったのである。そればかりでなく政子の「御寵愛比類なし」といわれ、政子に信頼され有能でもあった。また彼女はその才能によって頼朝時代に尾張国の野間、内海など数カ所を安堵《あんど》されていた。そこにこの乱が起こったので、彼女は隠居し、恐怖に震えていた。その時幕府から沙汰があり、所領は「相違あるべからず」と安堵されたので、安心したという（正治二年六月二十九日条）。

梶原景高の妻であるのに縁座しなかったのは、彼女が政子の女房として有能であって、そのために政子がよく目をかけていた点に大きな理由があった。彼女は頼朝時代にも所領を安堵されており、その時の理由も「女性たりといえども、その仁たるによって」と記されており、彼女自身の人柄や能力が優れていたためであろう。このように、縁座は一律に適用されず、人物評価がなされて縁座を免れる者も存在したこと、それもありうると当時の人々が考えていたことが知られる。

## 将軍の器

梶原の乱がようやくしずまった直後、頼家の政治姿勢を示す恰好の事件がもう一つ発生した。正治二（一二〇〇）年五月、陸奥《むつ》国葛岡《くずおか》郡での境相論（領地の境界争い）が幕府に持ち込まれた。当地では新熊野社をはじめとする領主たちが境界を争っていたが、やがて社僧はこの地の惣地頭・畠山重忠による裁判を希望した。領内のもめごとは領主が裁定するのが普通だったからである。しかし重忠は新熊野社領は領内にあるといっても、藤原秀衡時代には公家の御祈祷をしており、今は武門（鎌倉幕府）の繁栄を祈っているほどの尊い神社であるから、自分が勝手に決めることはできない、と答え、三善善信を通じてこの件を幕府に提出した。そこで頼家（当時「羽林」と呼ばれていた）は新熊野社そして畠山重忠の手から出された「境絵図」を持ってこさせてこれを見、自分で筆をとって墨を絵図の中央に引いて次のように述べた。

所の広い狭いはその身の運である。使節を遣わして地下を実検する必要はない（実地検分など不必要）。今後境相論はこのように成敗するべきである。難しい裁判になると思っているような者は、はじめから裁判を願うべきでない。

頼家の裁断はいとも無造作である。畠山重忠は新熊野社に配慮して、この神社が「武門繁栄」を祈る任務を果たしているからと、自ら裁判せず、幕府に上申して、幕府の意向を尊重する姿勢をみせたのである。ところが頼家にはその意図が理解できないばかりか、境を争って裁判をすること自体が不要な事項と考えていたことがわかる。

境界裁判をこのように簡単に結審させられてしまうことは、当事者はもちろん、鎌倉期の人々にとって、決して受け入れられる問題ではなかった。「一所懸命の地」という言葉があるように、所領の確保は武士だけでなく、公家にとっても、ましてわずかの耕作地しかもたない庶民にとっては、最重要事項であった。命をかけても守らねばならなかったのである。その所領を争う裁判が、かくも簡単に「運だ」などと裁かれたのでは、たまったものではない。鎌倉期に成立する『御成敗式目』がいかに裁判の公平さを追求するかを基本姿勢の一つにおいていたことをみても、裁判はよく審理し、公平な結果をもたらすものでなければならないとの共通理解が鎌倉期にはあったと思われる。こうした鎌倉時代の人々の観念からみて、頼家の裁断は決して許されるべきものではなかった。まして、頼家はすでに重要事項の決定からはずされていたのであるから、頼家がこれを今後の境相論の基準とすべきだといっても、従う者は少なかったと思われる。しかし頼家の政治があまりにも早く終わることになった理由を後世の人々に示しておくためには、このエピソードを入れる必要があると『吾妻鏡』の編者は感じていたのであろう。

## 三　城氏の乱と坂額の姿

### 鎌倉幕府への挑戦

正治三（建仁元年、一二〇一）年またしても大きな事件が起こる。越後国の豪族武士・城氏一族が幕府と合戦することになるのである。

城氏は平氏の一門で、平繁成《しげなり》が出羽（秋田）城介《じょうのすけ》に任じられたことから、城を姓とした一族である。治承・寿永の乱では、平氏方につき、木曽義仲に攻撃され、ついには源氏に降参した。棟梁の城長茂《ながもち》はのちの奥州征伐に従っているので、頼朝には許されたと考えられる。しかしその頼朝も死去し、城氏は源氏に恩義を感じる必要はなくなった。

この年の正月二十三日、城長茂が軍兵を率いて、大番役のため京にいた小山朝政《ともまさ》の三条東洞院の宿所を囲み、小山方の郎従《ろうじゅう》などが応戦するという事件が起こった。城氏の意図は、関東を追討すべしという宣旨を天皇から出させよう、という点にあったようだが、勅許はなかった。長茂は逐電し、朝政や佐々木定綱ら関東の御家人たちが城氏の行方を探したが容易に知れなかった（建仁二年二月三日条）。

この知らせが鎌倉に着いたのは二月三日であり、「鎌倉中騒動」という状態になっている。

次に京から下った飛脚の情報によれば、城長茂とその従者たちは吉野の奥で誅され、首は都大路でさらしものにされたということであったが、事件はこれで終わらなかった。越後国で長茂の甥にあたる資盛《すけもり》が北国の武士たちを招いて反乱を起こしたからである。幕府では北条時政、大江広元、三善善信などが集まり協議して、上野国磯部郷にいる佐々木盛綱（法名西念）を大将として、越後国の御家人等を引き連れて誅伐軍を起こすことになり、御教書を佐々木氏につかわしている。幕府のこれほどの危機に際して、北条時政、大江広元などの宿老の談合で方針が決められ、御教書が出されていることは重要であり、頼家をのぞいた宿老合議制で政治が行われている実態がよくわかる。

一方城氏方では、資盛が城郭を越後国の鳥坂に構え、押し寄せる兵に対して、矢と石を雨のように打ち出したので、佐々木盛綱の子息・盛季《もりすえ》は傷を負い、郎党も命を落としたり、傷ついたりしている。

この合戦で活躍したのは、城資盛の叔母・坂額《はんがく》御前であった。坂額の系図上の位置は次のようになると思われる。

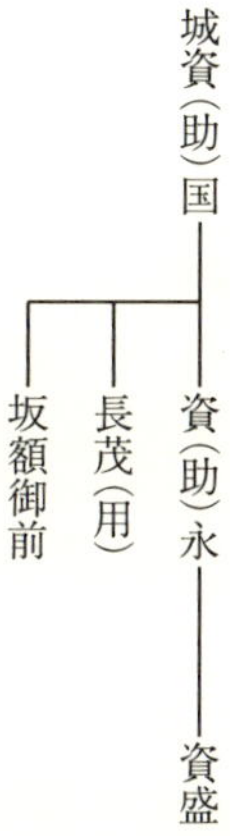


【城氏略系図】

## 女武者の活躍

坂額は弓矢の名手であった。「女性の身たりといえども、百発百中の芸、殆ど父兄を越ゆなり」と『吾妻鏡《あずまかがみ》』は記している。そしてこのことを「人挙げて奇特という」と記すのである。百発百中の腕を持つことを「奇特」（めったに見られないほど、すぐれた能力を持つ人）として、当時の人々は尊敬の眼差しで見ており、揶揄《やゆ》する見方ではなかったことが重要である。つまり女性がこのように武芸に優れた能力を発揮することについて、ほめられこそすれ、「女だてらに」などと見下す見方はなかったことがわかる。

この合戦の日、坂額は童形《どうぎょう》のごとく髪を上げ、武具の腹巻をつけて矢倉の上に上がり、襲ってきた敵勢を射たのだが、その矢に当たって死なない者はなかった。攻め手の大将・佐々木盛綱の郎従も多くの者が矢に当たって死んだという。攻め手のなかの藤沢清親がうしろの山の高所から矢を放ち、それが坂額の左右の股を射通したため、彼女は倒れ、生け捕りにされる。坂額がきずを負ったことで城資盛は敗北したのである。

一カ月半後、坂額は藤沢に助けられて頼家の御所に参上した。頼家が坂額を見たいと言ったからであるが、そこには御家人たちが続々と集まってきて、「市をなす」ありさまであった。畠山、結城、和田、三浦などの宿老も侍所に出仕していたが、坂額はその中央を通り、頼家の簾《すだれ》の前に進んだ。この間、いささかもへつらう様子はなく、勇壮な丈夫と比べても見劣りはしなかったという。ただしきずのせいか、顔色が白く、宮中の女性のようであった（六月二十八日条）。

坂額が衆人の前を臆することなく歩んだ次の日、坂額を妻にしたいという御家人が、幕府の女房を通じて頼家に願い出た。その男性は阿佐利与一義遠《あさりよいちよしとお》といった。頼家が「無双の朝敵を望むのにはよほどの考えがあるのだろう」と問うと、義遠は「特別の理由などないのです。同心の契約をなし、壮力の男子を生み、朝廷を守り、武家をたすけようと思うばかりです」と述べている。これに対して頼家は、「この女は顔つきはよいが、心の武を思うと、愛する者などいようはずはない。義遠の所存は人間の好むところではない」としきりに嘲弄《ちょうろう》したものの、婚姻を許したので、義遠は坂額を連れて甲斐国に下っていった（二十九日条）。

ここには一般武士と頼家との考え方の差がよく表れている。武士のなかには、こうした武勇に優れた女性を評価し、尊敬し、ぜひ自分の妻にと願う考えも存在したのである。またその時、婚姻を「同心の契約」と表現している点も興味深い。婚姻とは、対等な男女が心を一つにする契約であったのである。鎌倉武士の婚姻観は現代の結婚観と非常に近いことがわかる。「壮力の男子を生み」と、男性が言い放っている点も見逃せない。子供をつくるのは夫婦二人の共同作業であるという男性側の積極的姿勢が言葉にあらわれている。鎌倉期には女性は単に「子を生む道具」とみられていたのではなかった。

一方頼家は、武勇で鳴らす女性などを好きになる男性はいないという信念をもってみており、義遠の考えは人間の考えることではないとまで言ったのである。義遠の考えは、鎌倉武士のなかでも少数派であったかもしれない。しかしこのような考えが存在したことは事実である。頼家は義遠を嘲笑する前に、御家人たちの心の中をもっと理解すべきであったろう。

## 二つの乱の差

梶原景時の乱と城氏の乱はいずれも頼家時代に起こった大事件である。しかし二つの事件に対する関東（幕府）の対処の仕方は異なっている。梶原の乱では梶原も彼に敵対した六十六人の御家人も、いずれも頼朝の家臣であって、いわば対等な間柄であった。そのために関東を束ねる地位にある頼家の裁断を仰ぐかたちになったと考えられる。一方城氏ははじめから関東に反旗を翻していた。朝廷から宣旨を得て、関東を討伐することをねらっていたから、幕府にとっては白黒のはっきりした合戦であったといえる。そのため、重臣たちの合議で御教書が出され、頼家の関与なしに討伐軍が組織されたのであった。

城氏の反乱を鎮圧することができたことで、合議体制による幕府政治は以後、自信をもってすすめられることになったと考える。そのことを裏返せば、頼家の関東の棟梁としての役割はほとんど飾りだけでよいということになる。頼家はこの後将軍になるが、将軍として果たすべき役割はそれ以前から、ごく小さなものとなってしまっていたのである。

## 四　舞女「微妙」

頼家は父・頼朝の死後、蹴鞠《けまり》に熱中する。親裁を停止されてから、その度合いは一層激しくなる。連日のように「鞠会《きくえ》」があちらこちらで催され、頼家が参加している状況がつづく。頼家の蹴鞠狂いは母・政子にも北条泰時にも批判されるほどになる。泰時は「蹴鞠は幽玄の芸だが、国土が飢饉で憂えているこの時に、わざわざ蹴鞠に堪能な者を京から呼び寄せられるのは尋常ではない」と人を介して批判している。政子は頼朝以来の重臣・新田義重が亡くなってから二十日もたたないのに頼家が蹴鞠の会に出席しようとするのを見て、「故新田入道（義重）は源氏の大切な老臣であり、武家政権にとっても須要な人物であった。その人が死んでまだ二十日にもならないのに、遊興されては、きっと人の誹《そし》りをのこすでしょう。やめなさい」と厳しく叱っている。しかしこれらの苦言もしばらくすれば忘れられたのか、蹴鞠に励む頼家の姿が『吾妻鏡』にあふれている。

城氏の乱があった翌年（建仁二年・一二〇二）の三月、例によって蹴鞠をしたのち、頼家は比企能員邸に出かけた。その時酌をした女性が舞女・微妙《びみょう》である。彼女の父は建久年中に讒言にあい、禁獄されたあげく、奥州に追放された。母は悲しみのあまり七歳の微妙をのこして亡くなり、一人ぼっちになったという。兄弟のない微妙は父の安否を知ろうと、舞を習い関東までやってきたと自ら述べている。頼家は奥州に使者をつかわして、父親を探すようはからっている。

その後、「尼御台所」政子も微妙の舞を見て感動し、奥州から飛脚が帰ってきた時には、政子の邸に来るようにと述べている。

八月に入って、奥州から使いが帰ってきて、微妙の父・為成《ためなり》はすでに亡くなっていたことがわかった。微妙は泣き崩れ、栄西律師《えいさいりっし》のもとで出家してしまう。政子は哀れんで深沢のあたりに居所を与えるなどの配慮を加えている。

ところが微妙の出家を納得できない人がいた。古郡左衛門尉保忠《ふるこおりさえもんのじょうやすただ》である。彼は微妙と「比翼連理の契り」をなしていたのに、自分が甲斐国に下向しているあいだに彼女が出家してしまったため、悲嘆に耐えられず、出家を許した栄西の門弟のもとに押しかけたのである。保忠は子細を知ろうとやってきたが、門弟のほうは恐れて頼家の御所に駆け込んでしまった。目的が果たせなかった保忠は鬱憤がつのり、門弟の従僧を打ちすえた。

この事件を決裁したのは政子である。政子は結城朝光をつかわして保忠をなだめ、栄西の門弟方に押しかけたことに対しては、「僧徒の法では、人々を善に導くのを本意となすためか、すぐに除髪授戒させるのであろう。その点は僧方にも非がなくはなかろうが、その方の理不尽な所業は奇怪である」と非難したのである。これは和田義盛、結城朝光などを召して述べられた（八月二十七日条）。

微妙に目をかけ、居所を与えるなどの配慮が政子からなされていることは、政子のやさしさをあらわしている。さらに、古郡保忠と栄西方の悶着を裁断したのは政子であったことも、頼家の無力さを際立たせている。蹴鞠には情熱を傾けるが、政治向きはもはや頼家の守備範囲ではなくなっていた。皮肉なことに微妙の父の探索がなされている最中の七月二十三日、頼家は従二位に叙され、征夷大将軍に任じられていたのである。実権のない、名ばかりの高位高官であった。

## 五　頼家の失脚

### 不吉な予感

建仁三（一二〇三）年の正月は、「今年中に関東では凶事が起こるだろう」という巫女の託宣から幕が開いた。すなわち、正月の二日、将軍・頼家の若君一幡《いちまん》（一万）が鶴岡八幡宮に参って奉幣し、神楽を見ていたところ、大菩薩が巫女に憑き、今年中に変事が起こると告げるとともに「若君は家督を継げない、なぜなら、岸の上の樹はその根元がすでに枯れているのに、人々はこれを知らない」と述べたという。変事の起こる予感がみなぎった。変事とは頼家の失脚を暗示させた。

五月、阿野全成の謀叛事件が起こる。全成は義経の実兄で、その妻は政子の妹・阿波局であった。義経の節でも述べたように、全成や義経の母・常盤は九条院に仕える仕女であり、頼朝の母とは異なって身分が低かったから、兄弟は頼朝の家臣並の扱いを受けたのである。義経が謀叛人として頼朝の地頭設置策に利用されたのに対して、兄の全成は頼朝時代にはなんの咎めも受けず幕府の一角に連なっていた。

しかしこの年五月十九日、全成に謀叛の噂があるとして、頼家は全成を召し捕らせた。頼家は翌日政子に「謀叛を企てたので全成を生け捕った。ついてはその妻・阿波局は幕府に仕えていると聞く、早く差し出されたい。尋問しなければならない子細がある」と言った。政子はそれにこう反論している。「このようなこと（謀叛を指す）は女性に知らせるものではない。だから全成も二月のころ、駿河に下向の後、音信を通じてこない。疑うところはない」と。

全成がなぜ謀叛人とされたかについては、はっきりとした理由は『吾妻鏡』にも記されていない。頼家も頼朝と同様に源氏一族から自分に代わる者が現れるのを恐れたのであろう。しかし全成の妻の縁座が、政子の反論によって防がれたことは確かである。阿波局が政子の妹であったことも考慮する必要はあるが、義経に謀叛の嫌疑がかけられた際、静をかばったように、全成の謀叛に際してもまた、政子は阿波局をかばったのである。そこには共通する政子の考えがあったように思われる。

政子は、夫がたとえ謀叛のような大罪を犯したとしても、その妻がいわれなく縁座の罪に服する必要はない、という明確な考えを持っていたと思われる。梶原景高の妻が頼朝時代に人格を評価されて所領を拝領し、頼家時代、梶原の乱後もその所領を安堵されたのと軌を一にした事態であったと考える。妻は夫とは別の人格を持つものと考える健全な思考がこの時代には存在したのである。

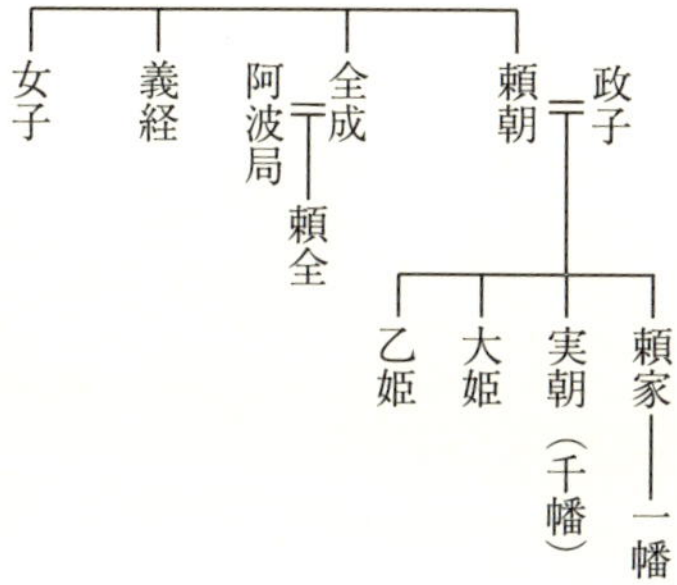


【比企氏の乱の関係者】

全成は処刑され、その子息・頼全《らいぜん》も京都にいた御家人たちの手で二カ月後に殺された。阿野一族の男性は誅伐されたのである。一方頼家は阿野の乱の前後より病が重くなり、八月二十七日「危急」の状態となったため、関西三十八国の地頭職を弟の千幡（実朝）に、関東二十八国の地頭職と惣守護職を長子一幡（一万）に譲ることとなった。千幡は十二歳、一幡は六歳であった。そして頼家はまだ二十二歳の青年であった。

## 比企の乱・幕府第四の危機

こうして病が最大の理由となって頼家時代は終わろうとしていた。ところがこの譲与に不満をもったのが頼家の妻（若狭局）の父・比企能員の一族であった。日本の地頭職が二つに分けられてしまうと、比企氏だけが外戚の地位を独占して、御家人のなかから抜け出ようというもくろみは可能性を失うからである。こうして比企の乱は発生した。

乱の直接のきっかけは、比企能員が若狭局を通じて頼家にこう述べたことにあった。

「地頭職を二つに分ければ権威も二分され、きっと闘争が起こる。子のため弟のために安定を願われたのだろうが、かえって闘乱のもとをお作りになった。だから北条時政を追討すべきである」と。将軍頼家は能員を病床に招いて、密談した。

ところがこの密談を、政子は障子を隔ててひそかに聞き、女房を父・北条時政邸に走らせた。時政は一計を案じて薬師如来像の供養と称して比企能員を招き、平服でやってきた能員を誅戮するのである。比企一族は一幡の館にこもったので、尼御台所・政子は比企一族を追討するため、軍兵をつかわした。合戦が始まり、兵に囲まれ一幡のいた小御所は焼け、一幡も亡くなった。比企一族は合戦で命を落とさなかった者も、男性は死罪や流罪に処された。頼家の妻妾や二歳の男子などは、政子に誼《ぎ》のある者たちであったので、和田義盛に預け、のち、安房国に配流された。

比企の乱でもう一点注意しておかなければならないのは、小笠原、中野、細野ら頼家の側近たちが縁座というかたちで処罰されたことである。誰の罪に縁座したかというと、頼家に縁座したとしか解釈できない。もう一人縁座を理由に守護職を没収された島津忠久は

「能員縁座」と明確に記されているからである。つまり比企の乱の討伐は、比企氏一族を政界から除くとともに、頼家の政治を完全にストップさせる目的をもってなされたことがわかる。

そしてこの乱で最も重要なことは、比企氏の追討のための軍の派遣を政子が命じたことである。『吾妻鏡』には、「御台所の仰せによって、件の輩を追討するため、軍兵を差し遣わさる」と記述されている。幕府の危機に際しては、前の将軍の御台所の権限が復活するという事態を確認できた。政子がいつまでも「尼御台所」と、頼朝の正室「御台所」の呼称で呼ばれ続けた理由もここからわかる。将軍らしい将軍、御台所らしい正室に対する尊敬の念は、頼家時代、御家人の念頭から決して消えることはなかったのである。

比企の乱の直後、頼家は落飾する。仏門に入ったのである。そう取りはからったのは政子であった。その理由は「家門を治められるやりかたが、危なくて見ていられない」からであったという。武家の棟梁としての資質に欠ける頼家を、これ以上俗世においておくことの危険性を、母である政子は考慮したのであろう。

このように頼家時代は政子が尼御台所としてつねに頼家の政治を後見し、ここぞという時に後見の力を発揮させて政治の前面に出、重要事項を決裁したのである。

# 第三章　「尼御台所」の働き——実朝時代

頼家が頼朝の跡を継ぎ関東の棟梁であった時代は、前章で述べたように、政子は本来ならば政治に携わることなく、静かに夫や娘の仏事を修する「尼」の姿で終わるはずであった。しかし頼家の政治は関東の棟梁として、頼朝の後継者として、きわめて不十分なものに政子にはみえた。この見方は当時の武士階級の見方でもあったことは、いつまでも政子を「御台所」の呼称で呼んでおり、頼朝時代を継承することが望まれていたことによってもわかる。では、次の実朝時代の政子はどうであったのだろうか。政子の期待するような政治が行われ、政子の役割は減少したのであろうか、この章では実朝時代の政治過程における政子の役割を考察する。

## 一　十二歳の将軍

### 頼家後の政治体制

将軍頼家の出家が決まると、次の将軍を誰にするかが関東では大問題になった。そして次の将軍は頼家の男子ではなく、弟の実朝との決定が下される。というのも、比企の乱の際、能員が誅殺されたあと、その一族が頼家の長男・一幡の館（小御所）に籠もって抵抗した、という経緯からみて、頼家の子は謀叛に加担したとの疑いを持たれてもしかたがなかったからであろう。この乱で一幡は亡くなり、その弟・善哉《ぜんさい》はまだ幼児であったという事情が加わって、頼家の男子は次の将軍になることはなかった。

将軍後継者が実朝しかいないとなると、政子の対応は素早く、北条時政邸にいた実朝を迎え取り、成人するまで政子のもとで「扶持する」と述べている。実朝の乳母が政子の妹の阿波局《あわのつぼね》であり、また比企氏の乱後、実朝を時政邸に引き取るなど、実朝はもともと北条氏との関係が深かったからである。北条氏が比企氏と同じ道を歩んではならない、とも政子は思ったのではないだろうか。北条時政の後妻は牧の方であった。政子は父の後妻が考えそうなことに、あるいは危険を感じ取っていたのかもしれない。牧の方をはばかって、また北条氏が比企氏の二の舞になることを嫌って、政子は実朝を手もとに引き取り、自分の方針のもとに育てようとしたと思われる。

実朝は十二歳であった。頼家の子よりは年長であったとはいえ、武士階級を率いる関東の長者としては未知数ではあったが、「幕下大将軍（頼朝）」の二男であるという出自の確かさが要因となって、建仁三（一二〇三）年、頼家から関西三十八国の地頭職を譲られていた。その年の九月十五日、実朝は「関東の長者」となり、朝廷からも従五位下の位と「征夷大将軍」の職を得たのである。ここに十二歳の将軍が誕生した。この段階では実朝はまだ元服もしておらず、翌月北条時政の名越《なごえ》邸で元服の式をあげている。

一方頼家は実朝が将軍に任じられると、伊豆の修善寺に幽閉される。修善寺へ向かう頼家一行の行列はものものしいもので、先陣に随兵《ずいへい》百騎、次に女騎《めき》（女性の騎馬武者）十五騎、輿《こし》三帳、後陣《ごじん》随兵二百騎などというものであった。立派な行列は、頼家が二度と鎌倉に帰れないことを覚悟させる意味を持っていた。この後、頼家は政子と将軍家（実朝）に手紙を出し、深山に幽閉されており徒然をしのびがたいので、近習を呼ぶのを許してほしい、安達景盛を罰してほしいと望んだが、二点ともに許されず、そのうえ、今後は手紙を書くことはやめよとの返事が、三浦義村から伝えられた。返事をしたのは実質政子であっただろう。将軍の座を追われてなお、政治に恋々とする頼家を、政子は拒絶したのである。

将軍はもはや実朝と決定していたからである。

政子を中心とした重臣たちは頼家を見限り、将軍として実朝を選んだ。このことに、母親としての政子の冷たさが表れているようにもみえる。しかし、失政つづきの頼家を将軍の座から引き下ろすことでしか、武家政権を維持できないとの理性的な判断が、母としての私情を圧倒したのである。それは政子自身が政治家として豊かな能力を持っていたからである。御台所として、武士たちの衆望を集めているという自負が、政子の政治家としての側面が前面に出て私情を圧倒した理由であろう。

年若い将軍であったため、後見役が必要であるとは、誰もが思ったことであろう。その後見役は政子が務めた。彼女は四十七歳である。頼朝時代、頼家時代の政子の言動が、自ら後見役にふさわしいことを天下に示していたことは先に述べた。

幕府はこのほかにさまざまなかたちで若い将軍の前途を安全なものにすべく努めている。まず実朝が元服して将軍として立つや、政所には北条時政と大江広元以下が家司として入り諸行事諸式を指導する体制をつくった（十月九日条）。ついで京畿の御家人から、幕府に忠誠を誓う起請文を取った（十月十九日条）。修善寺の頼家から新体制を混乱させるような手紙が来ると、頼家の近習であった中野五郎以下を遠流《おんる》に処し（十一月七日条）、庶民に対しては、関東御分国、相模、伊豆の国々の百姓のこの年の年貢を減免している（十一月十九日条）。そして諸国の地頭の狩猟を禁じたのである（十二月十五日条）。年貢減免は「将軍の代始め」の徳政として出された施策であり、地頭の狩りの禁止は、殺生禁断という仏教思想にのっとり、また狩りに事寄せての地頭の百姓への乱暴を禁じた、撫民《ぶみん》策である。

重要なことは、最後の地頭の狩りの禁止は「尼御台所の御計らい」として幕府奉行を通じて出された施策であったことである。政子は実朝時代の幕開けの時期、明確に後見役として執政していたのである。実朝が政治をはじめて「聴断」するのは翌元久元（一二〇四）年の七月のことである。

## 二　実朝の婚姻

元服もすみ、形のうえでは将軍らしさが徐々に整えられてきた実朝の、次の課題は正妻の決定であった。御台所となるべき人をどの範囲から選定するかは、幕府の重要問題であった。なぜなら、頼家の妻の父が外戚として政局に混乱をもたらした苦い経験（比企氏の乱）を武家社会はこの直前に持っていたからである。

まず第一に正妻候補に挙がったのは足利義兼の息女であった。足利氏は清和源氏の嫡流義家の子・義国に始まり、義家が下野《しもつけ》国足利を開発して義国に譲ったことから、この地を領して在地領主として名をあげた一族である。足利荘は鳥羽院の安楽寿院《あんらくじゅいん》に寄進され、源

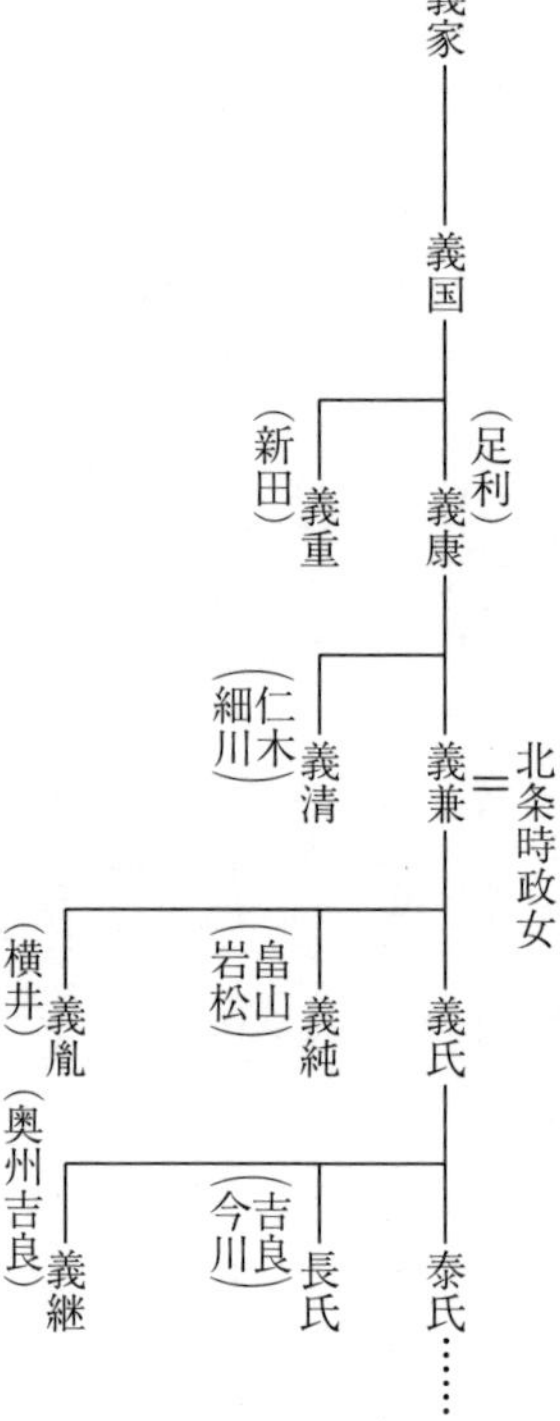


【足利氏略系図】

平合戦期には八条院領のうちに含まれていた。足利義国、義康父子が鳥羽院に仕えたため、その御願寺《ごがんじ》である安楽寿院に寄進し、鳥羽院の娘である八条院に伝領されたのである。義康の子息が義兼であり、彼は頼朝の開幕以来味方に加わっていたので、その信任はあつかった。同じ頼朝の御家人同志という関係から、北条時政の娘（政子の姉妹）を妻にしてもいたのである。
足利氏の、将軍家や北条氏との親密さからいうと、実朝の正室を武士から迎えるとすればふさわしい家柄であったといえる。しかしこれに反対し、公家の坊門家から正室を迎えるとの決断を下したのは、政子であったと思われる。『吾妻鏡』には足利義兼の息女を正室とするとの沙汰について「御許容に及ばず」とある。坊門家に迎えにいく「供奉人《ぐぶにん》」が元久元（一二〇四）年十月半ば京へ発ち、十二月十日坊門信清《ぼうもんのぶきよ》の娘が御台所として鎌倉に着いた。こうして十三歳の実朝の正室には公家の娘が迎えられたのである。

足利氏の息女を避け、公家の娘を正室にした理由は、比企の乱の教訓が生々しかったからであろう。老臣の息女を御台所とすることは、一面では武士階級同士の婚姻として安心できるものではあり、御家人同士の結束を促進する面もあったが、将軍家が御家人のレベルにとどまることも意味する。そのために、比企氏の乱のような御家人間の争いに巻き込まれる恐れは十分ある。政子が避けたかったのは、御家人間の争いの道具に将軍家がなることであったと考える。将軍家は御家人の上に立ち、彼らの争いを調停するものであるべきだと考えたと思う。それはかつての頼家に対する教訓の言葉や安達氏邸に率先して出かけた行動に表れている。将軍家の地位を御家人たちの一ランク上に置くためには、正室は将軍にふさわしい官職を持つ公家でなければならなかったのである。

## 三　畠山重忠の乱

### 将軍実朝の最初の試練

実朝の婚儀の翌年（元久二年、一二〇五年）の六月、老臣・畠山重忠の身に災難がふりかかり、このことが火種になって、御家人間の合戦に発展、北条氏のなかでも地位の交代が生じるという変動が起きる。実朝将軍期に生じた最初の危機である。

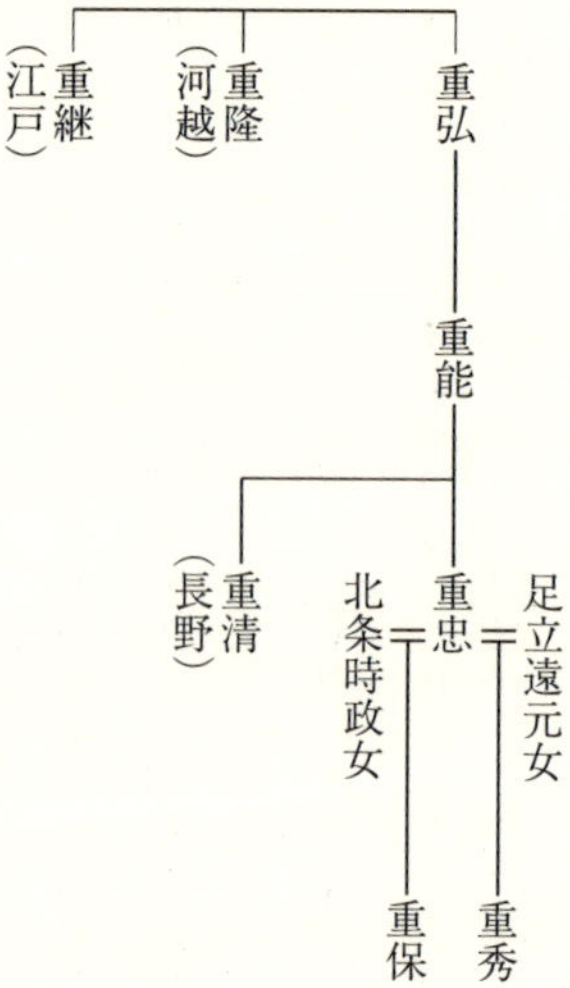


【畠山氏略系図】

畠山氏はもともと武蔵国《むさし》男衾郡《おぶすま》畠山荘の開発領主であった。平安末期の動乱の時期には一族内で平氏方、源氏方に分かれて合戦に臨んだ。畠山重忠は畠山荘司と呼ばれた重能《しげよし》の嫡子であり、頼朝とははじめ対立する平氏方として合戦していたが、頼朝の武蔵入りのころから頼朝に従い、数々の手柄をあげた勇猛な武士である。頼朝の重臣となって以後、一族親類にあたる河越重頼が義経に縁座したことを契機に、河越氏の持っていた武蔵国留守《るす》所惣検校職《どころそうけんぎょうしき》を与えられ、奥州藤原氏討伐に活躍した功によって、陸奥国《むつ》葛岡《くずおか》郡地頭職を与えられるなど、武勇で鳴らし、また「銅拍子《どうびょうし》」（金属製打楽器）を打つなどの音曲の才能にも恵まれた武士であった。静が鶴岡八幡宮の前で舞曲を披露した時、重忠は銅拍子を打っていた。

畠山重忠と足立遠元《とおもと》の娘とのあいだに生まれた子が重秀であり、北条時政の娘とのあいだに生まれたのが重保であった。この重保が乱のきっかけを作ることになる。

### 事件のはじまり

畠山重保は、元久元（一二〇四）年の実朝の婚儀の際、お迎えのため京に送られた武士たちのうちに名を連ねていた。同じ時に派遣された北条時政の子息で、牧の方の寵愛していた子供・政範は病で亡くなった。政範は牧の方の生んだ子で、まだ十六歳の若者であった。北条時政と牧の方の落胆ぶりは比類のないものであったという（元久元年十一月十三日条)。同じく京へ派遣された畠山氏と北条氏であったが、明暗を分けることになった。

元久二年六月になって、牧の方とその女婿・平賀《ひらが》朝雅《ともまさ》は、畠山重忠、重保父子を誅伐してしまおうと計り、畠山氏からの「悪口」があったとして、時政を抱き込む。さすがに時政は子息の義時と時房に相談するだけの配慮を持ち合わせていたので、二人に聞いたところ、「畠山氏は頼朝公が信頼されていた忠臣であり、比企の乱においても北条方に加わった、礼にも厚い姻族であるから(重忠は時政の婿であった)、今なんの憤りをもって反逆を企てたりするだろうか。たびたびの勲功を考慮されず、粗忽に誅戮を加えられれば、きっと後悔されるでしょう。ほんとうに牧の方などが言われるように、畠山氏が『悪口』を吐いたのかどうか、真偽を確かめたうえで決められるべきでしょう」と正論を述べたので、時政は何も言えず退出した。

「悪口」とは悪口を言うことである。この場合は単なる悪口を、意図的に事実を曲げて人をおとしいれる讒言《ざんげん》と聞いたということであろう。この悪口については解説が必要である。今の感覚とは異なり、鎌倉時代の人々は喧嘩の原因をつくる元として、悪口を述べる人物を厳しく罰すべきだと考えていたようである。その証拠に、のちにつくられた『御成《ごせい》敗式目《ばいしきもく》』では十二条に「悪口の咎の事」の一条をわざわざ設け、「闘殺の元は悪口より起こる、したがって重き者は流罪に処せられ、軽き者は召籠められるべきである」と厳しく規定している。畠山重保があまり気にも留めずになにか北条政範の死についての意見を述べたことが、牧の方には悪口というより讒言ととられた、というのが実情であったように思われる。

時政は子息二人に正論を述べられてその場を退いたのであったが、おさまらないのは牧の方であった。牧の方はその直後、大岡時親《ときちか》を使いとして義時邸に送り、「重忠の謀叛はすでに発覚した、君のため世のため時政に漏らしたのに、あなたが言われることは畠山に代わってその奸曲《かんきょく》を許されようとするものだ、このことは継母（自分・牧の方のこと）に組するふりをして、私を讒言者に仕立てあげるためなのか」というものであった。牧の方は自分が義時の継母の立場にあることをもって、義時を味方に引き込もうとしていたことがわかる。義時は「この上は（何を言っても聴く耳を持たないようなので）賢慮されたい」とだけ述べている。

ところが翌日のことである。鎌倉中が騒がしくなり、軍兵が「謀叛の輩を誅伐する」と言いながら由比ガ浜に争って走っていった。畠山重保も郎従《ろうじゅう》三人を連れて由比ガ浜に向かったところ、北条氏から密命を得ていた三浦義村が重保を囲み、死にいたらしめている。畠山重忠は鎌倉に至るまでの武蔵国二俣河で義時の軍勢と遭い、愛甲の発した矢に当たって四十二歳の生涯を閉じる。これが「畠山の乱」と呼ばれる謀略事件である。畠山重秀や郎従たちは自殺し、乱は一日で終息した。重秀は二十三歳であったという。

乱の経過はあっというまであったことがわかる。畠山氏は自分たちが誅伐の対象であるとは思ってもみないで、わずかの郎従を率いて出かけたのである。武蔵から出陣した重忠でさえわずか百三十四騎であり、重忠の弟や親類はみな別の所にいたという。畠山氏側からいえば、だまし討ちにあったようなものである。鎌倉に帰った義時が、戦況を尋ねた父・時政に「重忠に従う者がわずか百余輩であったことからみても、畠山氏が謀叛を企てたというのは虚説である。でなければ讒言によって誅戮にあったのだろう。不幸なことだ。その首を見ると、年来親しくしてきたことが思い起こされ、涙が流れるのをとめることができない」と答えたので、時政は返す言葉もなかったという（六月二十三日条）。

義時が見抜いていたように、畠山氏の謀叛は虚構であり牧の方の仕組んだものであった。ことの次第は『吾妻鏡《あづまかがみ》』によるとこうである。牧の方の女婿・平賀朝雅が畠山重忠に遺恨を抱いていたため、牧の方は畠山一族は反逆を企んでいると讒言《ざんげん》した。夫の北条時政は姻族の稲毛重成としめし合わせて、稲毛はその親族・重忠に、鎌倉中で合戦が起こったと告げたため、重忠は兵を率いて急遽鎌倉にむかったのであった。平賀朝雅から牧の方、北条氏から稲毛氏、稲毛氏から畠山氏と、企みがひそかに大きくされているのである。事件の経過をみても、『吾妻鏡』のこの記述をみても、畠山氏には寝耳に水のあいだに、一族が滅されたということがわかる。仕組まれた反乱であった。鎌倉期の人々からも畠山氏に対して同情が集まったようである。『吾妻鏡』には「人もって悲歎せざるなし（悲しまない人はなかった）」と感想が述べられている。

## 尼御台所の手腕

不条理な、作られた謀叛事件としての畠山の乱であったことは、乱後処置をきわめて難しいものにした。そのため、畠山重忠に与した者たちの所領を、功のあった者に与える仕事は「尼御台所の御計らい」として行われた。「将軍家御幼稚の間、此の如し」と『吾妻鏡』は理由づけている。「幼稚」は実年令のことをいったのではなかろう。実朝は十三歳であり、元服もし、正妻までもつ身であったことは前述した。決して「幼稚」とはいえない年齢であった。この「幼稚」は、政治的能力の幼稚さにあったと考える。

この乱は単なる謀叛事件ではなく、執権・北条時政自身が謀叛を仕組む側に加担する、という暗い事件であった。そのため、畠山氏が頼朝の老臣であったことを考慮して、頼朝時代をともに築いてきた政子が乱後処理をしたのだろう。重大事件が起こると御台所・政子の「計らい」つまり執政が頭をもたげるのである。政子はこうしたかたちで実朝を後見していた。

乱後処理はこれで終わったのではなかった。乱の二カ月ほどのち、政子は将軍実朝を時政邸から義時邸に移す（閏七月十九日）。牧の方が平賀朝雅を将軍に立てようと企んでいるとの噂があり、実朝の身が危険であったためである。それをみて、時政は急遽落飾し、本拠地である伊豆の北条郡に下向した。僧侶となることによって執権を辞め、護身の意を示す一方、源家の家臣であることをやめたのである。

かわって執権職になったのは子息の義時である。新執権はすぐに評議を開き、朝雅を誅すべきことを、朝雅のいる京都に勤務している「在京御家人」たちに命じた。続いて起こった宇都宮頼綱の謀叛事件（八月七日）に対しては、政子の新邸に義時、大江広元、安達景盛らが集まり評議を凝らし、対処方法を決めている。


六月から八月にかけての四カ月間に重大事件が相次いだ。根源は畠山の乱という謀略事件であった。この難しい事件を最後まで見届け、舵取りをしたのは政子であった。若い実朝の手に負えない重要事項は尼御台所がはからって正常な道へと引き戻したのであった。

もう一点、注意しておかなければならないのは、畠山の乱後、畠山氏の旧領を勲功のあった御家人たちに分け与えたのが政子であったことである。いわゆる論功行賞である。これを行いうるのは普通将軍である。将軍として実朝がいたことは明白な事実であるのに、将軍から論功行賞が行われず、前々将軍の「御台所」からこれが実施されたのである。この点も「将軍幼稚」という理由にかかわるが、政子は将軍の権限を代行したことになる。

単なる一般政務の執政ではなく、将軍の権限をも政子は替わって掌握したのであった。のちに「尼将軍」の名称が冠せられるようになるが、この畠山の乱後、将軍の権限を握ったことが明らかな政子は、その名にふさわしいといえよう。

## 四　一族長老の尼

### 政子の配慮

父・北条時政が元久二（一二〇五）年に六十八歳で落飾して入道になり、公職たる執権を離れ、在所に隠居したことによって、北条一族の中心は義時となった。時政の占めていた一族の惣領の位置も義時に譲られるかたちになったので、義時より六歳年長の、四十九歳の政子は、北条一族の長老格として尊敬される立場になった。将軍家では、頼朝の死後、政子の尼としての、また前将軍の御台所としての高い地位は揺るぎないものになっていたから、政子は将軍家の「尼御台所」と北条家の長老との、双方の地位を兼ねることになったのである。

たんに両家の長老の地位を兼ねただけではなく、政子のもって生まれたやさしさは、長

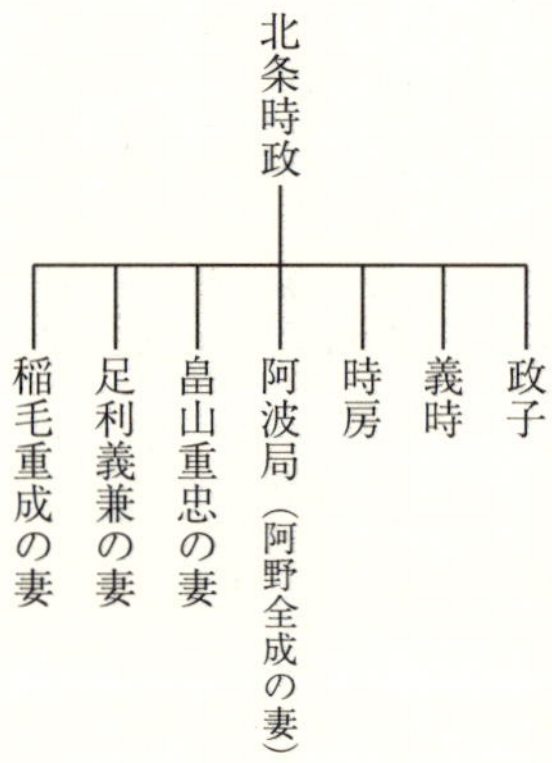


【時政の子供たち】

老として、さまざまな配慮を政子にさせることになる。
まず頼家の遺児・善哉を鶴岡別当宰相阿闍梨尊暁《あじゃりそんぎょう》の門弟にしている。将軍家の継承をあきらめさせ、かつ身の立つようにするには、寺僧にするのが最もよいと考えられたからであろう。善哉は侍五人がつき従うというもののしさのうちに、鶴岡に入寺している。翌年の元久三（一二〇六）年六月、政子は善哉を自分の邸宅に呼んで「着袴《はかまぎ》」の儀式（三歳または五歳になって、男の子がはじめて袴を着る儀式）を行ってやった。さらに善哉は十月には政子の命で実朝の猶子となっている。将軍家を継ぐことはないが、将軍家の一員であることを天下に明らかにした、政子の配慮が知られる。また同時に善哉の乳母を決め、有力御家人の三浦義村夫妻がその任につくことになった。この善哉（法名を公暁という）が政子の心遣いと期待を裏切って、のちに実朝を討つことになるとは、誰もこの時点で想像できなかったであろう。

畠山の乱のきっかけをつくった稲毛重成は政子とは縁続きであった。政子の姉妹がその妻となっていたからである。

稲毛氏は武蔵国の秩父党に属する武士であり、小山田《おやまだ》有重の子が重成である。重成は源平合戦や奥州藤原氏討伐に活躍し、建久元（一一九〇）年、同六年の頼朝の上洛には随兵の中に加わっている。ところが建久六年七月、妻が病気で没したために、それを悲しんで出家してしまう。そのため稲毛入道、小沢入道と呼ばれた人である。

【稲毛氏略系図】

その稲毛入道には娘があり、その人は京の綾小路《あやのこうじ》三位《さんみ》師季《もろすえ》の妻になり、女の子を生んでいた。元久二（一二〇五）年の畠山の乱のころ、女の子は二歳であった。畠山の謀叛を仕組んだとして、稲毛重成が誅殺されたため、綾小路師季の娘に仕える乳母の夫・小沢信重は、稲毛氏に連なるこの女の子をかくまっていたが、一族狩りの影響を恐れ身を隠していた。そのことを聞いた政子があわれんでこの子を招いたので、小沢信重は女の子を連れて京都から鎌倉にやってきた。はたして政子はこの幼い姫を自邸に呼び、政子の猶子となした。それればかりでなく、稲毛入道の遺領である武蔵小沢郷をこの姫に与えたのである。所領の給与ができるのは主君（将軍）だけである。政子はここでも、将軍の権限を代行したことがわかる。

同時に、戦乱のなかで不幸な運命に見舞われた一族中の男女に救いの手を差しのべる政子の姿がここでもみられることが重要である。かつて頼朝の正妻時代に、静や宮菊にあたたかい手を差しのべた政子の姿が思い起こされる。この時代にはそれにくわえて、将軍家と北条家の長老の尼として、一族の人々に目配りをする姿勢もそなわっていたことがわかる。鈍感な長老ならしなかったであろうことを、政子は京から幼い姫と乳母の夫を呼んでまで、持ち前のやさしさを加味しつつ、行ったのであった。長老の尼としても、政子は優れた目配りを成しえた人であったといえる。

## 五　平穏な時代

### 静かな時間

畠山の乱という後味の悪い謀叛事件が終息させられて以後、七年間は大きな事件も起こらず、束の間ではあったが平穏な時代がつづいた（一二〇六年から一二一三年まで）。その間の政子の最も大切な役割は、頼朝以下将軍家の仏事を修することであった。特に頼朝は御家人にとって御恩のある幕府の創設者であったから、その仏事を欠けることなく行うことは御家人の心を一つにしておくためにも、大切な仕事であったのである。

実朝は十五歳で猶子・善哉を迎えるという異常な状態ではあったが、七年後の建保元（一二一三）年には二十二歳の青年将軍に成長する。その間、建暦元（一二一一）年七月には、『貞観政要《じょうがんせいよう》』を読み始めるなど、将軍としての自覚がようやく出来つつあった。『貞観政要』とは唐の太宗が臣下たちとたたかわせた政治上の議論で、政治における得失を論じた内容は、のちの時代の帝王学の教科書として愛読された名著である。政子もこの書は読んだといわれる。実朝も二十歳にしてこの書を学ぶ決心をしたというのは、いかにも遅いとの感は免れない。周囲の将軍家に対する期待に応えるのが遅すぎるように感じるのは、筆者だけであろうか。

実朝十八歳の承元三（一二〇九）年、こんな事件があった。和田義盛が上総《かずさ》国司を望んで、実朝に申請してきた。国司は京都の朝廷が任命する官職である。実朝は尼御台所・政子にこのことを相談した、すると政子は「頼朝公の時代に侍が国司のような受領になることは禁止するとの沙汰があった。だからこのような例は聞いたことがない。前例を破って新しい例を始められるのなら、女性が口を出す必要のないことです」と言っている。

青年に達した実朝に、頼朝時代の原則を伝えるとともに、将軍として、新しい政治を始めることがあってもよいのに、それに踏み切れない姿に不満をぶつけたのではなかろうか。実朝にもっと自信をもって政治をするように、しっかりしなさいと言っているように思える。五十三歳の政子の経験からみて、十八歳の実朝は将軍家で大事に育てられたせいか、歳のわりには軟弱な頼りない若者にみえたようである。

## 重臣合議制

将軍・実朝がまだ将軍として全面的に頼りにはならないのに、平穏な時期が保てたのは、執権以下の重臣たちの政治が軌道に乗っていたからである。北条義時、大官令大江広元、和田義盛、三浦義村、平民部丞盛時らが幕府政治を主導していた（建暦二年二月十九日条など)。

重臣たちが引っ張る幕府はこの時期、重要な原則をいくつも確立している。元久三（一二〇六）年正月には、頼朝の時代に拝領した所領は大罪を犯さないかぎり没収されないという規定を定めた。この点には畠山の乱後の御家人社会の動揺をしずめる意味が込められていたと思う。翌承元元年には武蔵国の荒野を開発するようにとの命令を、北条時房（武蔵守、義時の弟）から地頭に対して出させている。武蔵国に対する北条氏の支配権を確立するとともに、地頭御家人本来の任務を思い起こさせるねらいがあったものと思われる。

承元三（一二〇九）年十二月には、「御台所」（実朝の妻、坊門氏の娘）方に仕える諸太夫侍も将軍の御出供奉に従うべきであり、また御恩に対して平均の公事は勤めるべきであると定めた。実朝の妻に仕える侍にも御家人同様に公事を負担させる規定であり、公家侍ではなく、武士として扱うと宣言したものと考えられる。翌承元四年には、畠山重忠の後家の所領を安堵し、熊野鳥居禅尼の知行する地頭職を、禅尼が養子に譲るのを認めている。重忠の後家に対する所領安堵は、後家が夫の罪に縁座しないことを認めたことを表す妥当な沙汰である。しかしのちに成立する『御成敗式目』では、妻は夫の罪のうち、謀叛のような大罪には縁座すると記されるようになる。ただし、縁座といっても所領を没収されるだけであり、身体にはなんの罰も加えられない点は注意を要する。

畠山の乱がのこしたもの

こうした以後の原則と異なる処置（縁座しないという決定）がなされた点にも、畠山の乱の特異性が浮き彫りになる。また熊野鳥居禅尼は源義朝の姉であるから、頼朝にとっては叔母にあたる人である。頼朝はこの女性に、望みに従って地頭職を与えていた。このように女性が知行してきた地頭職を、子がない時、養子に譲り与えることは『御成敗式目』でもやはり公認される。建暦二（一二一二）年には、京都大番役を怠って務めない国々について、今後は一カ月理由もなく務めなかったならば、三カ月務めを延長するとの決定をし、諸国の御家人に伝達している。

このように、平穏なこの時代に決められたことは、のちの時代に引き継がれ、鎌倉武家社会の原則となったものばかりである。平和な時代に確かな施策が打ち出されたといえよう。そしてこれを推進してきたグループの本体は将軍ではなく、北条義時以下の重臣たちであった。頼家時代に政子が確立した重臣合議制の伝統は、この時期花開いたといえるのではないだろうか。重臣合議制によって幕府がスムーズに運営されていたからこそ、政子は仏事を修めることに専念できたといえる。

人的・経済的な側面から見ても、この時期には地頭制度が確立していたことが推測される。承元四（一二一〇）年三月、北条義時の正室が熊野詣でをすることになったが、その際、旅の途中に必要な人夫や品を「地頭等」に充てている。執権の妻の旅に必要な人馬・物品まで地頭に課すことができるということは、地頭制度の全国的な確立がなければできないことである。

政子が重臣たちに大きな信頼を寄せていたことは、次のエピソードによっても知られる。建暦元（一二一一）年六月、越後国三味《さみ》荘の領家雑掌《りょうけざっしょう》（代官）が訴訟のために鎌倉にやってきて、大倉辺の民家に寄宿したところ、盗人に殺害されてしまった。夜が明けてから、和田義盛がこの事件を尋問すると、この荘の地頭代が犯人だとわかり、召し捕った。ところが地頭代の親類が、縁者である幕府女房を通じて政子に訴えた。この女房は駿河局《するがのつぼね》という名の女性である。これに対して政子は「和田義盛の沙汰に間違いはない」と断言している。そのため取り次いだ駿河局は「突鼻《つきはな》」（免職）されている。

この事件は殺人という重い罪を犯した犯人が地頭代という御家人であったため、幕府は和田義盛が犯人の探索と捕縛を担当したのである。ところが地頭代側は幕府の女房を介して政子の力を借り、地頭代の罪の軽減を狙ったのであろう。しかし政子の態度は、和田義盛の決定に全幅の信頼をおき、横からの口出しを拒否するというものであったことがわかる。和田を含めた重臣たちの合議による政治路線を尼御台所が信頼していたことが、平穏な数年間をもたらした最も大きな理由であったと思われる。

## 六　和田合戦

数年の平和ののち、またもや大事件が起こった。和田合戦あるいは和田氏の乱といわれる事件で、鎌倉を舞台に大規模な合戦が展開された最初の例でもある。

この事件の鍵になる人物は和田義盛である。和田氏は平氏の流れのうちの三浦氏の分流である。義盛が相模国三浦郡和田を本拠地として、和田を姓としたことから、和田氏は始まった。義盛は頼朝の挙兵以来三浦氏一族とともに頼朝を支持し、軍功をあげた人物であり、治承四（一一八〇）年十一月侍所別当に任じられている。頼家の執政を止め、十三人の重臣の合議制が敷かれたときも、その中にあった。梶原の乱、畠山の乱で有力御家人が次つぎと失われていった時も、北条氏を支える側にいたが、ついに北条氏は和田一族に対して牙をむくことになった。

### 陰謀のセオリー

建保元（一二一三）年二月、信濃国で泉親平が将軍実朝に対して謀叛を計画していたことが発覚、これに加担していたとして、和田義盛の子である義直、義重と甥の胤長が捕らえられ、義直と義重は父の功の重さによって許されたが、胤長は許されず、義盛は一族九十八人を率いて将軍実朝に訴えたがかなわなかった。そればかりでなく、一族が並ぶ前で、胤長は「面縛」されるという辱めを受ける。面縛とは両手を後ろ手に縛ったうえで顔を前に差し出させることをいう。このことを和田義盛は最も恨みに思い、義盛の逆心はこれによると『吾妻鏡』は記す。

胤長は陸奥国に流され、その屋敷地は和田義盛に与えられる。和田義盛が、ここは御所の東隣にあり宿直に便利なこと、頼朝以来、収公された一族の領地が他人に与えられた例はない、と述べたことが認められたかたちになった。しかしこの処置は和田一族以外の者にとっては、納得のいかないものであっただろう。内輪もめの種を残したことになるからである。鎌倉御家人の研究者・安田元久氏は、この処置は「和田氏排斥のための義時の策略」であったと述べている。

こうしていったんは事態はしずまるが、四月の終わりのころ、将軍家の使いが和田宅に向かい、和田一族が合戦の準備をしているとの噂があるが本当なのか、と尋ねた。義盛は謀叛の企てなどさらさらないと述べ、使いも承知して帰ったが、御所にやってきた義時は「鎌倉の御家人たちを御所に呼び集めているのは、きっと義盛に謀叛の疑いがあるからなのだろう」と挑発的なことを述べた。そのため再度御使いが義盛のところへつかわされた。すると義盛は「将軍家に対して恨みはまったくありません、しかし義時がなさることは傍若無人であり、その理由を確かめたくて人数を向かわせることを近ごろ若者たちが密かに相談していたようです。自分はこれをいさめたが聞き入れないのであきらめて同心したのです。もう自分の力ではどうにもならない」と返答している。

この経過をみると、将軍家は使いを二度もつかわして事態の把握に努めているのに、独自の判断がなされなかったことがわかる。北条義時は、はじめから謀叛事件と決めつけており、北条氏による策謀の匂いが濃厚である。そうした北条氏に対して和田義盛は、政道に関しても、和田一族への処遇についても、危険なものを感じていたことがわかる。

## 乱の経過

五月二日、和田義盛の館に軍兵が集まった。三浦義村ははじめ義盛に一味しようと思い、起請文まで書いていたが、考えを変え、北条義時に和田勢の集結を知らせた。それを受けて、義時方は準備を整えることができ、政子や実朝の妻は鶴岡八幡宮の別当坊に居所を移した。そのあと午後四時ごろ、和田義盛が一族従者を率いて将軍御所を襲った。その時火災が発生し、「郭内室屋、一宇残さず焼亡」してしまう。火災を逃れて、実朝は法華堂に入っている。

翌日、食料補給の道を絶たれ疲れ果てた義盛方に、親類の横山時兼や波多野三郎（時兼の婿）など横山一族縁者が参戦する。そこで義時は大江広元と連署した書状を武蔵以下近国の御家人に遣わして、和田・土屋・横山一族を討つように命じている。合戦は和田義直（義盛の子・三十七歳）が討ち取られたことをきっかけに、義盛（六十七歳）・義重（義盛の子・三十四歳）ら張本人七人が誅されて、終息に向かった。

二度目の書状はこの後に出される。和田一族がほぼ誅殺された直後である。署名したのが義時と大江広元であることに変わりはないが、宛名は佐々木左衛門尉であり、京都につかわされた書状である。内容は和田一族の残党を討ち取れというものであった。そして、これらの書状には将軍家の御判が載せられていた。重臣主導政治の上にいだかれた将軍家が、将軍家に弓を引いた謀叛人・和田一族を討ったことが明確にされたのである。

この場を逃れた人々で和田方に与した者も、翌五月四日には和田常盛や横山時兼らが自殺したことで、決着がついてしまった。和田一族はほぼ族滅《ぞくめつ》されたのである。

将軍御所を襲ったことは、将軍家に対する謀叛であったから、結果的には和田義盛は謀叛を決行したことになる。しかしそこにいたるまでには、北条義時の周到な策謀があったこともわかる。

**反乱の背景**

和田合戦で注目したい点の一つは、和田の一族縁者として立ち上がった人びとは血縁で結ばれるもののほか、婚姻で結ばれるものの多かったことである。和田氏と横山氏の関係は次の図のようになっていた。

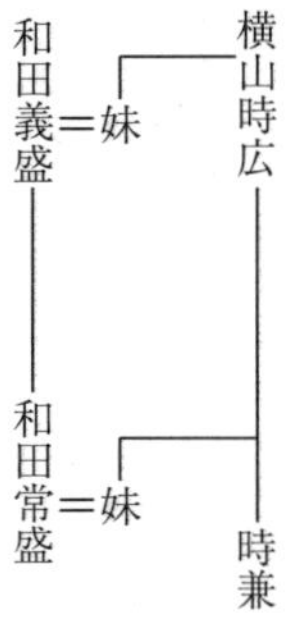


## 【和田氏と横山氏】

右の系図に見られるように、和田氏と横山氏は二代にわたって婚姻関係を結びつづけた姻族でもあった。和田氏の乱においては最も頼りになる義盛の援軍は横山氏であったのである。三浦氏が起請文を出しながら裏切ったのとは様相を異にする。親族に次いで頼りになるのは、この時代、姻族であったのである。

横山氏自身、時広、時兼父子は、頼朝の旗揚げ以来源氏に従った武士であった。横山氏は武蔵七党という武士団のうちの横山党（小野党）を形成する武士であって、武蔵国多摩郡横山（現八王子付近）を本拠地にしていた。横山党は武蔵七党中最大の規模をもち、愛甲、別府、海老名、中条、目黒、成田など七十余りの氏族が含まれていたという（安田元久『武蔵の武士団』有隣新書二八）。和田合戦で亡くなった時、時広は六十一歳であった。

## 和田合戦の後始末

乱後の五月五日、和田方の所領のうち、真っ先に収公されたのは、横山氏の所領横山荘や美作《みまさか》、淡路《あわじ》などの守護職であった。美作は和田義盛が、淡路は横山時兼が守護職を持っていたところである。収公された所領は「勲功の賞にあてらるべし」という方針のもと、義時と大江広元が「沙汰」(配分)した。どのように配分したかを、以後の守護の人名から推察すると、それぞれの国では、北条氏の家督と佐々木経高《のりたか》が守護となっているから、「勲功の賞」は名ばかりで、実は北条氏が多くを得ていたことがわかる。

さらに、和田義盛は侍所別当だったので、欠けた侍所別当の職は将軍の仰せによって義時が占めることになった。義時は以後執権と侍所別当を兼任しつづけたから、ますますその力が大きくなった。和田の乱の全体の流れをこのようにみてくると、和田氏の持っていた地位や役割、所領・職を根こそぎ奪ったのは北条氏、とくに義時であったことがよくわかる。この点が和田合戦の第二の注目点である。

第三の注目点は、将軍家の御判が、義時、広元の二人の指図のもとに出されたこと、乱後の論功行賞も二人によって「沙汰」されたことからわかるように、実朝の指導性がほとんど感じられないことである。しかし論功行賞は将軍の権限であるから、二人の原案に拠ったとはいえ、将軍家の配分として、和田一族・縁者の所領は他の者たちに分け与えられた。和田義盛自身将軍家に対する恨みはないと言っていたのだから、将軍家があいだに立てば、悲惨な結果は避けられたかもしれなかった。乱の発生と進行に際して、将軍家の指導性の欠如が目立つ。

ともあれ、頼朝以来の豪族御家人和田義盛とその一族縁者は、北条義時の策謀の犠牲になり、滅ぼされてしまったのである。

乱後の処理のうち注目点が二点ある。一つは、和田義盛の妻の縁座はあったのかという点である。義盛の妻は右に述べたように、横山氏の出身であり、時広の妹であった。この人は同時に伊勢神宮の豊受大神宮（外宮）七社禰宜《ねぎ》・度会康高《わたらいやすたか》の娘でもあった。横山氏に養女として入ったのかもしれない。この人は夫の謀叛の咎によって所領を召し上げられ、その身は囚人となっていた。しかし彼女の所領は神宮一円の御厨《みくりや》（直轄領）であったので、禰宜たちの申請によって、所領は豊受大神宮に返され、そのうえ、彼女自身も恩赦にあずかっている。つまり、罪に問われ、いったん縁座して所領没収、拘禁の刑に処されたが、外宮の禰宜の娘であったことが幸いして、恩赦を受け、許されたことがわかる。したがって、和田合戦では原則として女性たちも縁座したことが推測される。たまたま恩赦を受けて縁座を免れた人として、義盛の妻は例外だったため、『吾妻鏡』に記されたと考える。

乱後処理の第二の注目点は、没収地の配分にある。和田氏、横山氏、土屋氏などの和田義盛方に加わった人々の所領は「勲功の族に充てられず、多くもって青女等に賜」わったという。たしかに五月七日の論功行賞では、相模渋谷荘が女房因幡局《いなばのつぼね》に、陸奥由利郷が大弐局に与えられている。また畠山の乱の残党・畠山重忠の末子の首を切って、このたび将軍家に持参した長沼（小山）宗政《むねまさ》の言によると、今回の論功行賞では榛谷重朝《はいたにしげとも》の遺跡は五条局に、中山重政の跡は下総局《しもうさのつぼね》に与えられている。女性に対する所領給与が多かったことは事実であろう。一度の論功行賞で、これほど女性への所領配分が多かった例はない。意外ではあるが、これが実際の姿であった。

宗政は女性への給与を批判し、「武芸がすたり、女性をもって宗となす」と酷評した。しかし他の視点から考えれば、北条氏の企みと三浦氏の結託が明らかになっているこの事件の論功行賞を、北条氏側に厚く配分すること自体、世の批判をさらに浴びることになる。そこで実朝一流の妥協案として、「青女」つまり未熟な、埒外の女房に所領を給与したと考える。

### 実朝のねらい

先に述べたように和田の乱における将軍実朝は、無力さが目立った。それはどうしてなのだろうか。積極的に介入してこれを未然に防ぐこと、あるいは犠牲を最小限にすることは、かつての安達氏に対する政子の行為からみても、可能であったと考える。しかし実朝は何もしようとしなかった。

表面化してはいないが、実朝自身、北条義時の専横をよく思わず、和田氏に期待する面があったのかもしれない。乱後の九月二十六日、長沼宗政が畠山重忠の末子の首をさげて鎌倉に帰ってきた時、実朝は「重忠はもとより過ちがないのに誅された。その末子が陰謀の心を起こしたとしても、どれほどのことがあろうか。まずその身を生け捕りにして連れてくれば、ほんとうに陰謀を計画したのかどうかについて調べて処置するのに、いきなり誅伐を加えたのは、粗忽《そこつ》のいたりである」とはなはだ嘆息したという。実朝は和田氏の乱にかつての畠山氏の乱の誤りを重ねていたのであろう。

ところがおさまらないのは宗政である。宗政は眼を怒らせてこう言った。「重忠の末子の反逆の企ては疑いがない。生け捕って掌内にあるといっても、連れてくれば女性や比丘尼などの訴えによって、きっと罪は許されてしまうと思ったので、誅伐をくわえたのである。頼朝公の時、恩賞を与えようとしきりに言われたが、自分はそれを望まず、引目（大型の鏑矢《かぶらや》）をいただいて重宝にしている。それに比べて当代は、歌毬《うたまり》をもって業となし、武芸は廃れるに似ている。女性を優先し、勇士がいないような有りさまである」と。この言に続けて、先のように「没収地は勲功の族に充てられず、多くは青女に与えられている」と批判したのであった。

長沼宗政は小山朝政の弟である。この時五十二歳の熟年であるから、女房たちを政治に未熟な「青女」と表現したのであろう。戦いに参加したわけでもない女性が論功行賞にあずかること自体、苦々しいことだと思ったのだろう。しかし女房への配分には、遠慮がちながら、実朝の、将軍としての自立心や北条義時への批判が込められているように思えてならない。

ちなみに、将軍批判の弁が功を奏したのか、宗政は承久三年以後淡路国の守護に任じられている。かつては横山時広が務めた淡路守護である。彼は畠山の子息を誅殺することで、和田の乱の恩賞を得たことになる。

## 七　束の間の平和

### 実朝の昇進

和田の乱のあと、それまでにも急なスピードで昇ってきた実朝の官位はさらに進み、建保四年には中納言に任じられる（六月二十日条）。官位の上昇は京都の朝廷の関東融和策にのっとって行われてきたから、鎌倉武士のなかには苦々しい思いをする者もあり、大江広元はこの官位昇任を実朝に対して諌めている。しかし他からの諌止、特に臣下からのそれも耳に入らないかのように、建保六年の一年間に、正月に権大納言、三月に左近衛大将、十月に内大臣、十二月には右大臣へと昇進するのであった。
和田氏一族は壊滅したが、建保二（一二一四）年、その「余党」で洛陽に住む者たちが、頼家の遺児の一人「禅師」を大将軍に立てて反逆を企んでいるとの噂がたった。そこで在京の御家人たちが一条北辺にある禅師の邸宅を襲うと、禅師は自殺してしまった。ほんとうに謀叛が企まれたのかは、今となっては不明である。これにより、頼家の遺児は善哉（公暁）と十三歳の姫君の二人になってしまう。この姫君を政子は建保四年、実朝夫妻の猶子にしている。源氏の長老としての政子の計らいであった。

源頼家
- 一幡（一万）
- 善哉（公暁）
- 姫君（竹御所）
- 禅師

【頼家の子供たち】

そのころ、実朝は宋の医王山を参拝するため、宋に渡りたいと思い立ち、大船を造らせた。これには宋の人、陳《ちん》和卿《なけい》がかかわっている。東大寺大仏の首の修復にあたった和卿は、実朝に渡宋を勧め、大船を建造した。ところがこの船は進水できなかったため、計画は水泡に帰している。

## 政子の動静

政子はといえば、建保四年に還暦を迎え、実朝の妻と仲良く諸行事に参列し、また寺社に参詣している。大乱後の平穏な時間が過ぎていった。そして建保六（一二一八）年二月に上洛する。上洛には北条時房が従い、稲毛重成の孫娘も同伴していた。この娘は綾小路師季の娘でもあったので、公家の土御門通行《つちみかどみちゆき》との婚姻が決まったためである。在京中、政子は従三位に叙された。出家した人が叙位されるのは道鏡（孝謙天皇時代の僧）以来例がなく、女叙位は准后の例はあるがそれ以外はない、というまったく異例の叙位であった。朝廷方の、政子への評価が大変高いことがわかる。そしてこれにとどまらずその年の十月、「禅定三品」政子は従二位に叙された、との知らせが京より届く。後鳥羽上皇は実朝に続いて政子を懐柔しようとしはじめたようである。

また建保六年の従三位叙位の翌日、後鳥羽上皇から、「対面したい」と申し出があったが、政子は「辺鄙《へんぴ》な田舎にいる老尼が龍顔（天皇の顔のことをいうが、ここでは上皇のこと）にお目にかかってもなんの利益もありません。その必要はございません」と断り、寺社参拝の予定を切り上げてすぐに鎌倉に帰ってきた。四月十五日に断りを入れるとそのまま京を出立、二十九日には鎌倉に戻ったのだった。

実朝が官位昇進に熱心であったのと、大きな違いである。二十七歳の若さで左近大将を兼ね、高い位階を持つ息子と、六十二歳の、官位にそれほど興味を示さず、天皇と会うことも拒否する母親の姿は、両者の物事の捉え方に隔たりがあることを感じさせる。

和田の乱の後味の悪さからか、ほんの数年ではあるが、建保二（一二一四）年からの建保年間は、内部にきしみを生じさせながらも、幕府と将軍家は平和な時代を過ごした。その間に政子は還暦を迎えたが、実朝に幕府を全面的に任せる決心はまだついていなかったように思う。官位昇進などについて考え方にひらきがあったからである。

以上述べてきたように、政子は実朝時代、若い実朝の政治の後見をするかたわら、重大な事項に決裁力を発揮し、その一方で、将軍家と北条家の双方の長老の尼として一族の人々、とりわけ女性たちの身が立つように配慮しつづけたのであった。

# 第四章　「二位家」の確立

関東で並びない高い位を得た政子は、その後「二位家」の名称で呼ばれる。まさに位極まったわけだが、政子に平穏な老後は訪れたのだろうか。建保七（一二一九）年以後の社会の動きのなかで政子の姿をみてみよう。

## 一　鶴岡八幡宮の悲劇

### 悲劇の幕開け

わずか数年であったが将軍家と幕府が手にした束の間の平和は、建保七（承久元年・一二一九）年、年頭の将軍御所近辺の火災で破られてしまう。この年の正月、御所の近辺や大倉辺で火災が起こり、百近い武士の家が火災で焼亡したのである。暗い年明けとなった。

正月二十七日、実朝は右大臣になったことを賀し、神のさらなる加護を願うために、鶴岡八幡宮に参った。多くの御家人を従え、行列を整え、酉の刻（午後六時）ごろに八幡宮に向かった。楼門を入った途端、なぜか「右京兆《うけいちょう》」（右京職の唐名）北条義時は急に気分が悪くなり、御剣を持つ役を仲章朝臣に譲ると八幡宮を去り、小町の邸宅に帰ってしまった。結果的にはこのため義時は災難をうまく逃れたことになる。

実朝は神に祈ったあと、夜になってようやく退出しようとした。その時鶴岡八幡宮の別《べっ》当《とう》阿《あ》闍《じゃ》梨《り》・公暁《くぎょう》（幼名善哉）が石段の陰から襲いかかり、剣で実朝を殺害した。随兵たちはあわてて犯人公暁を探したが捕えることができなかった。ある人が言うには、「公暁はかねてより父の敵《かたき》を討つと言っていた」と。頼家の遺児・公暁は父の敵討ちとして、将軍を殺害したことになる。

武士たちは公暁の住居である雪の下の坊を襲ったが、公暁の門弟や悪僧たちが立てこもって抵抗した。悪僧たちはやがて敗北したが、公暁はここにいなかったので、軍兵たちはむなしく退散することになった。人々は将軍暗殺という事件を知って、皆「茫然自失」、そのほかには表現のしようもない、と『吾妻鏡』は述べている。武家社会の驚愕がよく表現されている。

公暁は実朝の首を持ち、自分の後見役である備中阿闍梨《びっちゅう》の雪の下北谷の宅に向かった。ここでお膳が出されたが、公暁はなお実朝の首から手を離さなかった、という。

**源家断絶す**

ここで公暁は三浦義村に使者を送る。なぜなら、義村の息男・駒若丸も同じく門弟であったので、その関係を頼りにして三浦氏の援助を取りつけようとしたのである。使者には公暁の乳母子（乳兄弟）弥源太兵衛尉《やげんたひょうえのじょう》がつかわされ、「今度将軍に欠員が生じた。自分はいまや関東の長者にふさわしい。早く計画を練って自分をその地位に就けるように」と述べさせている。

三浦義村はこのことを聞き、頼朝以来の源氏の御恩を忘れてはいなかったので、涙を流し、言葉を口にすることはできなかった。しばらくして、お迎えの兵をお送りしますと返事して、公暁の使者を帰した。公暁の使者が帰るや、義村は北条義時に使者を送って、事の次第を告げる。すると義時はすぐに公暁を誅伐すべきだと命じている。義時の反応はきわめて早く、かつ明快であった。

三浦義村は、これを受けて、一族中で評議を凝らしたところ、「公暁は大変な武勇の者ですから、討ち取るのは難儀です」などという意見が出た。そこで義村は長尾定景を選んで公暁宅に向かわせた。

一方公暁は義村からの使いが遅いので、鶴岡八幡宮の後ろの峰に登り、自ら義村の宅に行こうとしていたところであった。そのため長尾と途中で行き合い、長尾方の強力の者・雑賀《さいが》次郎と組み打ちになり、長尾定景に太刀で討たれるのである。公暁はこの時二十歳であった。公暁の首は義村がさっそく義時邸に持参している。

## 事件を読み解く

以上が実朝暗殺と公暁の死にいたる経過である。ここにいたるまでわずか五、六時間しか経っていない。ここまでの経過のうち注目される点がいくつかある。まず第一点は公暁は政子の計らいで鶴岡八幡宮の備中阿闍梨のもとで門弟として修行に励んでいたはずなのに、その現状に飽き足らず、武勇に優れた武士として成長していたことがわかる点である。後の勝園阿闍梨の尋問でも、公暁は「学を疎んじたので、師からの伝授もなく、修学の道にも親しまなかった」（正月三十日条）と言われている。僧侶になって一生を静かに終えるような性格ではなかったことがわかる。まわりの期待と予測とは裏腹に、公暁は父・頼家の敵を討ち、かつ自分が武家の棟梁になることを夢見たのであろう。

公暁が頼りにしたのは三浦氏であった。この点が第二の特徴である。北条氏は実朝の執権として不動の地位を築いており、その専横に批判的であった和田氏はすでにいなかった。大江氏は実朝の官位昇進を批判したが、幕府内の地位は、とても北条氏に対抗できるものではなかった。わずかに可能性のあったのは、当時北条氏に次いで多くの国の守護職を兼ねていた大豪族・三浦氏であったのである。そこで公暁は三浦義村の子息が公暁と同じく門弟であったことに目をつけた、ということであろう。

三浦氏は一一八〇年の源頼朝の挙兵以来、源氏を支持し、相模国守護となり、また幕府の宿老として重きをなしてきた。三浦義村は駿河、河内、紀伊、土佐の守護を兼ねており、梶原景時の乱では乱の鎮圧に手腕をみせた。畠山氏の乱の際には重忠を討伐したが、その後牧の方の陰謀であることが判明すると、榛谷《はいたに》氏を討つなどして、北条政子、義時に協力した人物である。先の和田義盛の乱においても、いったんは義盛に起請文を出して味方に加わることを誓っておきながら、北条義時方に方向転換していた。

義村は難しい選択を迫られる場面にそれまで何度も遭遇してきたが、そのたびに、上手に切り抜ける才覚を持っていた。情勢の見きわめに長けた人物であったと思われる。また婚姻関係においても、義村の娘は北条泰時の妻となっており（一二〇二年）、北条氏とは協調路線を取り続けてきた。こうした条件からみると、三浦氏が公暁を助けて北条氏に敵対することは、あまり期待できないことが推測される。公暁の判断は甘かったといえるだろう。

第三に使者として送られたのが公暁の乳兄弟であった点が特徴である。実朝の乳母は政子の妹・阿波局《あわのつぼね》であった。彼女は実朝出生時から仕えてきた。もう少しさかのぼると木曽義仲の乳母は中原兼遠《かねとお》の妻であった。中原夫妻の娘が巴御前《ともえごぜん》で、義仲の乳兄弟にあたる。彼女は夫・義仲とともに戦うが、最後の場面ではともに討ち死にすることを許されず、義仲の菩提を弔う役割を負わされる。このように、赤子のうちから育ててくれた乳母夫妻は父母同然であり、乳母の子は兄弟同様であった。父母と離れ、兄弟とも離れて育った公暁の、最も頼りになる人物はといえば、乳母夫妻と乳兄弟であっただろう。ここでも、乳兄弟が公暁と一心同体となって働いている様子がみられる。

ちなみに公暁の母は賀茂重長の娘であるとされる(正月二十七日条)。この人は源為朝の孫にあたる。こうした血統からいえば、前の将軍の子で、実朝の甥にあたる公暁が、自分こそ次の関東の長者であると思ったとしても、不思議はないのである。実朝には子供が生まれなかったからである。もうしばらく辛抱して修行を続けていたならば、あるいは公暁にも将軍の座が巡ってきたかもしれないのに、この事件を決行した理由は、公暁としては敵討ちが頭から離れず、その機会を常に狙っていたからであるとしか考えようがない。

### 事件の後始末

さて悲劇の事後処理はいったい誰が指揮したのだろうか。指揮すべき立場にある将軍が暗殺されるという「茫然自失」の事件の処理に当たったのは、政子であった。

政子はその日のうちに公暁の仲間を捜し出し、糾明するように命じた。それをうけて中野助能《すけよし》は阿闍梨勝園を生け捕り、義時邸に連れていった。つづいて鶴岡八幡宮の悪僧らが糾弾を受け、公暁に与しなかったことが判明した僧は本坊が安堵された。公暁の後見人であった備中阿闍梨の屋地と所領は収公された。尋問と安堵・収公は義時が行っている。執権の役目として行ったものであろう。備中阿闍梨の屋地は幕府に近い雪の下にあったので、幕府女房で縫殿《ぬいどの》別当であった「三条局」が望んで叶えられ、その甥の僧を留守居としておいている。ここでも女性に没収屋地が与えられたことがわかる。

勝園阿闍梨がこの時した申し開きが、「公暁は学を疎んじたので、伝授もなかった、修学の道に親しまれなかった」というものであった。この勝園の言葉に、「二位家のお定めによって、公暁には真言を少々授けられたが、学を疎んじた」とあるように、公暁の教育のルートを設定したのは政子であったことがわかる。厳しい境遇に落ちた源氏一族の子供たちに手を差し延べてきたのは、長老の尼・政子であったが、公暁の場合のみ、その援助が裏目に出てしまったのである。

承久元年正月の実朝暗殺は、公暁の敵討ちとして実行されたものであった。公暁は三浦義村を頼ろうとしたが、三浦氏にとっては公暁との関係よりも、北条氏との関係のほうが、ずっと緊密であったため、公暁の「関東の長者になる」というもう一つの夢は叶えられなかった。そして、この事件の事後処理に際して指揮権を発揮したのは政子であり、尋問や収公・安堵の実務を義時に委ねつつ、「二位家」として、関東の頂点に立つ人物としての働きが復活したのである。「関東の長者」の称は、これ以後の政子にふさわしいのではないか、と思う。

## 二　「二位家」の役割

### 公家将軍誕生

実朝には子がなかったため、源氏の男系はなくなってしまった。しかし将軍のいない幕府は考えられないので、次の将軍を誰にするかは、関東の最重要問題であった。この問題に誤りが生じれば、幕府崩壊の危険があった。慎重な検討がなされた結果、幕府では、皇族から将軍を迎えたいという結論に達した。そうすれば朝廷も幕府崩壊をはかることはないだろうとの予測が立てられたのであろう。

議論の過程は不明であるが、この結論を政子は二月十三日、京の朝廷に使者を送って、かねてより親交のあった卿二位《きょうのにい》などを通じて申し入れたと考えられる。その申入れには「宿老御家人」の「連署奏状《そうじょう》」が添えられていた。つまり政子は重臣たちと相談のうえ、政子が代表となって、皇族の六条宮か冷泉宮を将軍として迎える方針を決定し、実行した

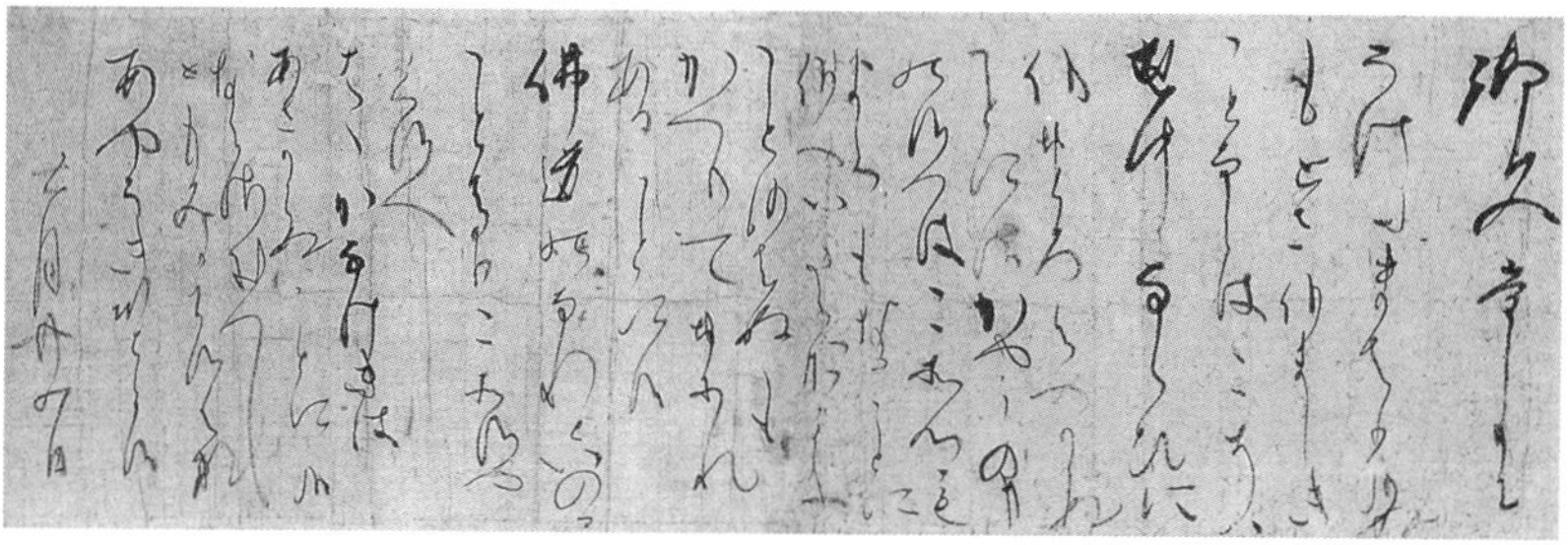

**伝 北条政子消息**（京都市　神護寺蔵）
弔問への返事，子に先立たれた母の悲しみを語っている。

ことがわかる。

この当時朝廷にこのような申入れができたのは、関東では政子しかいなかった。先年、二位を受けていたことが幸いした。朝廷は伝統的に高位高官の言にしか耳を貸さない所であり、下じもの人の申請を取りあげる機構ではなかったことは、それまでの歴史が証明していた。政子が気のすすまないまま受けた官位が威力を発揮する時代がきた。二位家としての高い位はこの時期、最も大きな役割を果たす。

しかし朝廷の対応は好意的なものではなかった。三月、後鳥羽院の使いが政子の館に来て、実朝の薨去《こうきょ》はまことに嘆かわしいことであると挨拶があった。その後、使者は義時邸に向かい、義時に対して「摂津国の長江・倉橋荘の地頭を替えるように」との院宣を突きつけたのである。この二つの荘園は後鳥羽上皇の所領で、もと白拍子であった寵姫・亀菊の知行地であった。つまり上皇は二面作戦で臨んだことがわかる。二荘の地頭が替えられなければ、皇族を将軍にすることはできないとの意味を込めて、政子には穏和にあいさつのみをし、執権には具体的な条件を提示したのであった。

上皇方の出方に対して、幕府では政子の邸宅に義時、時房、三浦泰村、大江広元が集まって協議し、時房に千人の侍を従えて京へのぼらせることを決めている。

実朝の死は正月の終わりであった。その直後の二月から閏二月、そして三月半ばまでの約八十日間、関東では政子の主導のもと、重臣の合議体制が復活している。それは皇族を将軍に迎えたいという連署状が政子の申請に添えられたこと、上皇の要求項目を政子邸で重臣が集まって協議していることから、証明できる。政子の「二位家」としての執政には、この時期、重臣合議制が付随していたことを重視したい。重臣の評議を尊重するという姿勢は、以前、頼家時代に政子自身が確立した原則であった。その後、時々の将軍はそのことを忘れていたが、政子は重臣の合議制を決しておろそかにはせず、政治体制として復活させた。この点に、興味深いものを感じる。実は合議制そのものは、のちに北条泰時に受け継がれ、鎌倉期を通じて幕府の政治形態の一つの柱（原則）としてのこっていくのである。

幕府の侍千人を率いての示威行動の結果がどうなったかは、四、五月の記事が『吾妻鏡』にないため、知ることができない。しかし七月になって九条道家の子息・三寅（二歳）が関東に下向してきたことから推測して、朝廷と幕府の妥協がはかられたことがわかる。三寅の関東下向の宣下は六月三日に出ているので（七月十九日条）、幕府と朝廷の交渉は五月中には成立していたと思われる。

## 幼ない将軍と政子

三寅の父は先述のように九条道家で、母は西園寺公経の娘である。頼朝と親しかった九条兼実の曾孫にあたる。

【頼経への系譜】
九条兼実――良経
　　　　　　‖――道家
　　　一条能保女　‖――三寅（頼経）
　　　　　　　西園寺公経女

九条良経の妻は一条能保《よしやす》の娘であり、この人は頼朝の姪であったので、公家のなかでも源氏の遠縁の子供が選ばれたことがわかる。三寅は六月二十六日、一条の邸宅を出発、六波羅にまわり、そこから鎌倉に向けて出発した。そして七月十九日鎌倉に到着、まず三浦義村邸に入った。行列は女房数人、雑仕一人、乳母二人、卿局《きょうのつぼね》（卿二位・藤原兼子）、右衛門督局《うえもんのかみのつぼね》、一条局と北条時房の室などであった。去年正月に生まれたばかりの男子を将軍として迎えた幕府の舵取りは、政子の仕事となったのである。
三寅が到着したその日の酉の刻（午後六時）、「政所始め」が行われた。本来、政所始めとは三位以上の公家の家におかれた政所がはじめて政務を行うことをいう。政所は大寺社や公家の家政機関であり、高位の者でないと政所をおくことができなかった。関東では源頼朝が一一九〇年に、右近衛大将になった時はじめて設置できた。頼朝の独創的なところは、家政の機関である政所を、御家人全体の統率機関としたことであり、政所から出される「政所下文」は御家人に対して出される幕府発給文書の基本的形式となった。その政所の長官即ち別当のうち、執権を代々受け継いでいるのが北条氏なのである。

この場合、「政所始め」の政所は幕府の政所を指し、新将軍を迎えて幕府政所が再び始動しはじめたことを示す。しかし将軍はわずか二歳であるからもちろん政治を執ることなどできない。そこで政子が政務を執行したのである。『吾妻鏡』は「若君幼稚の間、二品禅尼、理非を簾中に聴断すべし」と記す。政子はこの年六十三歳であった。しかし幼児である将軍の後見ができ、しかも古代以来の伝統であった政所設置の基準（官位）をクリアーしていたのは、関東では二位家の政子しかいなかったのである。つまりこの時点で再出発した政所は幕府の、頼朝が設置した政所の後身であるが、朝廷に対する表向きの姿は二位家の政所が発進しはじめた、ということになると考える。

政子は翌年三歳の三寅が「着袴」の儀式を行った時も、三寅を「扶持《ふち》」する姿で登場する。支え助けたのは政子であった。したがって三寅の鎌倉下向以後の幕府は、政子が最終決定を下すという政治形態、つまり二位家政子の執政の時代であったといえる。

政子は執政の傍ら、仏事を修する対象がまた増えたので、恒例《こうれい》・新儀《しんぎ》の仏事を行ったり、寺院を創建したりしなければならなかった。実朝の追福《ついふく》のために、勝長寿院のそばに五仏堂を建て、供養を始めた（承久元年十二月二十七日条）のも政子であった。一族の長老の尼、頼朝の後家としての役割も政子の両肩にかかっていたのである。

## 三　承久の乱の始まりと政子の演説

### 波乱の予感

承久三年（一二二一）、政子は六十五歳の正月を迎えていた。正月といっても、実朝の暗殺以来、おめでたい気分はどこかに飛んでいっていただろう。二十七日には実朝の三回忌の追善供養を主催し、乞食千人に施行《せぎょう》（施し）をし、犯罪者三十人ばかりにも恩赦を与えている。

鎌倉が政子の主導のもとに一応の安定を取り戻しつつあったのに対して、京では後鳥羽上皇が幕府転覆の準備を進めていた。上皇は皇族は勿論のこと、三寅が鎌倉に下ることにすら、反対であったといわれる。したがって、源氏の直系男子が絶え、意の通じる実朝がいなくなったこの時期、幕府は余計な敵対物以外のなにものでもなかったからである。

五月十九日、京の伊賀光季の飛脚などが関東に到着、この間、院では官軍を召し集められていること、十五日にはその官軍を遣わして伊賀光季を誅されんとし、それが実行されたこと、「右京兆《うけいちょう》（北条義時）追討宣旨」を五畿七道に対して出されたことの三点を知らせた。同じ日、宣旨も着いたので、政子の邸宅でこれを開いて見ている。宣旨という、朝廷方からの正式文書が政子邸で開かれた点にも、関東が政子によって統率されていた状況がよくわかる。宣旨の内容は右京兆義時を追討せよという命令だったのであるが、その命令は関東の最高の地位にいた政子に対して出されたわけである。

ところでこの時、三浦義村の許にも書状が届いていた。京にいた胤義《たねよし》（義村の弟）の私信である。それには、「朝廷の命に応じて義時を誅すべきである。勲功の賞は望み通りとする、との仰せであった」と書かれていた。義村は言葉に詰まり、その書状を持ってきた使者を追い返し、書状を持って義時邸に向かう。義村は北条義時に対して「自分の心は弟の反逆の心と同じではありません、貴方の味方に加わり、無二の忠節を示そうと思う」と述べている。弟・胤義が院方に味方して、兄の義村を誘ったのに対し、義村はまたしても北条方につくことを選択していることがわかる。

### 幕府最大の危機と起死回生のことば

幕府で陰陽師を招いて卜占をおこなったところ、陰陽師全員が「関東は太平に属す」と占ったという。
次に幕府がとった行動は、めざましいものであった。幕府には北条時房、泰時、大江広元、足利義氏以下の人びとが集まってきた。その時、政子は御家人たちを簾《すだれ》の下に招き集め、秋田城介安達景盛を通じて次のような演説をした。

皆心を一つにして聞きなさい、これは最後の言葉である。故右大将軍頼朝公は朝敵を征伐し、関東（鎌倉幕府）を草創して以来、官位といい、俸禄といい、御家人に対する御恩は山岳より高く、溟渤《めいぼつ》（暗く深い海）より深いのではないだろうか。それに対して報いる感謝の念が浅くてよいものだろうか。けれども今、逆臣の讒言《ざんげん》によって、誤った綸旨が下された。名を惜しむ者は、早く藤原秀泰（院北面の武士）や三浦胤義などを討ち取り、三代将軍の遺跡を全うすべきである。ただし、院方に加わろうとする者は、只今言明すべきである。

この演説は見事なものであった。政子は頼朝（将軍家）の、御家人に対する御恩の大きさを説いている。関東御家人の官位の昇進は、将軍・頼朝が取り次ぐものであったから、官位を得た御恩を説き、旧領を安堵されたり、新しい所領をもらったりした御恩を説いた。それぞれの御家人に思い当たるものがあったはずである。その御恩に報いる時が今なのだと言ったのである。御家人たちはこの言葉を聞いて奮い立ったと思われる。

演説の中で、政子は綸旨に触れ、「非義の綸旨」（誤った綸旨）だと断定している。天皇方から出される綸旨を誤ったもの、と決めつける勇気に驚かされる。天皇の綸旨という権威に惑わされることなく、幕府にとってはこの綸旨は誤っていると断定することで、御家人たちの迷いを払拭した効果があったと思う。

## 「ことば」の力

ところでこの演説の内容について考えてみると、政子は頼朝の功績の大きさしか述べていないことに気づく。たしかに頼朝の御恩は大きなものであった。しかしその後、頼家がそして実朝が将軍になっている。ところがそれについては触れていないのである。政子としては二人は心から満足のいく将軍ではなかったからであろう。一方聞いていた御家人たちは、頼朝の御恩の大きさを思い起こすと同時に、頼朝死後の政子の執政を重ね合わせて思い出していたのではないだろうか。頼朝の死後すでに二十二年がたち、御家人の家においても世代交代はかなり進んでいた。もし頼朝死後の幕府に政子がいなければ、幕府の維持は困難であっただろう。こうした二十年間、三十年間に対する回想がなされたならば、演説の背後に、二十余年間幕府を支えてきたのは政子だったという事実が、透けて見えたと思うのである。

さらにこの演説の最後で政子は御家人たちに、院方に加わりたい者はこの場でそう表明して加わればよい、と述べている。対戦する陣営への参加を許しているのである。実際には相手方に鞍替えする者が出るとは考えなかっただろうが、形のうえだけでも、行動の自由を保証した点は、政子の度量の大きさを示すことになり、かえって御家人たちの信頼を厚くしたのではないかと思われる。

これらの諸点から、この演説の魅力は大きなものであったといえる。

政子の演説を聞いた御家人たちは、すべての者が政子の意図に応えた。またこの演説を聞いて涙にくれ、返答もできずにいたものも多く、命を軽んじて御恩に報いようと思うばかりであったという。政子の演説は関東御家人の意志を一つに固めたのである。

思えば、日本の歴史上、女性の指導者が大勢の人々の前で演説し、大きな感銘を与えることなど、近代の自由民権運動の時代以外に、はたしてあっただろうか。古代の女帝も大勢の官人の前に立つことはあっただろうが、これほど心を揺さぶる演説をしたという史料を私はまだ得ていない。それほど政子の演説は日本の歴史上でも特異なものなのである。

# 四　乱の広がりとその結果

## 乱の発端

もともと承久の乱の原因は『吾妻鏡』によれば摂津国長江・倉橋両荘にあった。これらの荘園は先述のように後鳥羽上皇の寵愛する白拍子・亀菊が預かる上皇の所領であった。亀菊は上皇に両荘の地頭職を停止してほしいと申し入れ、上皇はその旨、二度も宣旨を出して停止を命じた。しかし幕府の執権・北条義時は承知しなかった。義時は、頼朝時代、勲功の賞によって補任された地頭は、これといった誤りがないのに改められることはない、と定められ、これは関東の原則になっている、と反論した。そのため上皇の逆鱗は頂点に達したというのである。

上皇側は、後鳥羽院の所領としての超越的な権限がこれらの荘園にはあると考えたのであろう。一方幕府にとって地頭設置は幕府存立の根幹にかかわる問題であり、御家人が地頭職を将軍から安堵されたり、新しく与えられたりして御恩と奉公の関係が出来ていたのであるから、後鳥羽院の所領といえども、そこにいったん地頭が設置されている以上、地頭をむやみに停止することはできない。頼朝時代を最も尊重する御家人たちの意識では、頼朝の取り決めた御家人との約束を破棄することなど考えられないのであった。長江、倉橋両荘にいた武士が、単に荘園領主に仕える荘官でなく地頭であった点が、承久の乱の種火となった理由である。

種火はいったん燃え上がると、次々にひろがり、やがてどこが発火地点であったかもわからないほど大きくなった。次に、承久の乱の広がり・経過についてみてみよう。

## 乱の広がり

政子の演説が行われたその日の晩、義時邸で評議が行われる。集まったのは時房、泰時、大江広元、三浦義村、安達景盛などである。北条氏に加えて、宿老としてこのころまで存続していた主なメンバーがそろったことになる。ところが評議では意見がまちまちになった。一案は、足柄、箱根両方の道路を固めて上皇軍の到来を待つという案であり、もう一案は先制攻撃をかけるという案で、この二案に集約されつつあった。その時、大江広元が「一見最初の案はよさそうにみえるが、関東の軍勢が心を一つにしなければ、関所を守って日数が経てば経つほど、かえって敗北の原因になるのではないか、運を天に任せすぐに軍兵を京都に発遣されるべきではないか」と述べた。そこで義時は二案をもって政子のところへ行く。すると政子はこう言った。「上洛しないと官軍を破るのはきっと難しいだろう。武蔵国の軍勢が来ればすぐに京へ上るべきである」。その言葉を聞いた義時は上洛という方針が定まったので、十九日の日付で遠江、駿河、伊豆、甲斐、相模、武蔵、安房、上総、下総、常陸、信濃、上野、下野、陸奥、出羽などの国々に奉書を飛ばし、「一族などを連れて参陣せよ」と家の家長に命じたのである。

政子の演説で御家人の心が一つになるや、時をうつさず軍議がひらかれたことがわかる。それは具体的な戦法を議論するものであるから、重臣が集まって評定したのであろう。場所も執権義時邸であった。ところが、二案が対立するかたちになり決着がつかなかったのである。そこで義時はその二案をもって政子に言上し、政子が上洛案を採用したことが読み取れる。軍議の最高決定権はこの時、明白に政子が握っていた。政子の決定をうけて、義時は実務として奉書を国々の武士の家の家長に送ったのであるから、ここでも政子の上意をうけて、執権がそれを承るかたちの文書「奉書」を出していることがわかる。大事な局面で軍議の最高決定権を握り、上意としてそれを実施させたのは政子であったことになる。

将軍ではない政子が軍議の決定をしたのは、政子が関東を代表し、また関東で最も高い地位にあったからである。二位家としての立場はここで生かされた。それよりも、政子が最高決定権をもったのは、頼朝の御台所として、頼朝時代をともに築き、その死後は頼朝の遺志を受け継いで、頼朝の時代のよい前例をのこすことに努めてきた政子の、四十年あまりの歩みを、御家人たちが「指導者はこの人」と認めていたからであると思う。政子の演説に感動した御家人たちを勝利に導く方法はどれなのか、政子はこのことを基本に考えたと思う。政子が指導者でありえたのは、多くの御家人の支持の思いがあってこそであろう。

政子は建保六（一二一八）年に二位の位を得てから、「二位家《にいけ》」あるいは「禅譲《ぜんじょう》二位家」（位を譲った二位の人）、「二品《にほん》」（二位）などと呼ばれた。「尼御台所《あまみだいどころ》」とはもはや呼ばれていない。しかしこの六十二歳からの高齢の時代こそが、後世の呼称である「尼将軍」の呼び名にふさわしい。まさに将軍と同等の軍議の決定権をもった時代であることがわかる。

## 幕府、反撃へ

その後、政子は京から一条頼氏が急ぎ鎌倉にやってきたのを歓迎し、京都の情勢を尋ねている。一条氏はかつて政子の長女大姫の婿候補として一条高能を考えていたことがあり、鎌倉とは縁のある公家であった。一族の者が多く院に味方したにもかかわらず、京の公家のなかで鎌倉に駆けつけてくれたのはこの人が最初であったから、政子はくわしい正確な情報をこの人から得ることができた。

承久三（一二二一）年五月二十一日、幕府では「天下の重事」について評議が重ねられた。この評議には、京から来た一条頼氏のもたらした情報が参考にされたであろうことはいうまでもなかろう。この場で大江広元は「上洛案が決まってから、日が経つにつれて、変心して院方につく者もあるのではないか、すぐに夜中でも、泰時一人でも出立されたならば関東の武士たちは雲が龍に従うごとく出発するだろう」と述べる。これを聞いて義時はことに感心したという。

一方政子は三善善信を招いて意見を聞いている。というのも善信はすでに老体であり病気でもあって、評議に出席できず、家にこもっていたからである。善信は「関東の安否はこの時に極まった。私が思うところは、軍兵を京都に発遣することであり、これを切に願う。日数をむなしく重ねるのは怠けているのと同じだと思う。大将軍のうち一人は先に進発されるべきであろう」と言った。

大江広元と三善善信の意見は別々に集められたのであるが一致した。このことを義時は喜び、子息・泰時に「二つの意見が期せずして一致したのは、神のお示しになった道がこれであるのだろう、すぐに進発しなさい」と言ったので、泰時はこの夜門出したのである。

## 幕府軍進発

泰時は主従十八騎で出発、これには泰時の子息・時氏、泰時の弟・有時らが加わっていた。そのうしろに従ったのは時房、足利義氏、三浦義村、三浦泰村などであった。泰時の弟・朝時は北陸方面から京に進む「北陸道大将軍」として門出している。

北条氏を中心とした、若手の御家人たちが軍兵となって出発したのに対して、北条義時、大江広元、中原季時、三善善信などの宿老は鎌倉に留まり、祈祷に励んだり、派遣兵をさらに募ったりすることに追われた。関東の御家人たちの心は一つに結束していたことがわかる。

五月二十二日から二十五日までのあいだに、しかるべき御家人はすべて上洛している。そのため義時はその「交名《きょうみょう》」（名簿）づくりに追われた。軍勢は東海道、東山道、北陸道の三道に分かれて進め、と命じられていた。軍士の数は合計十九万騎に上った。ということ

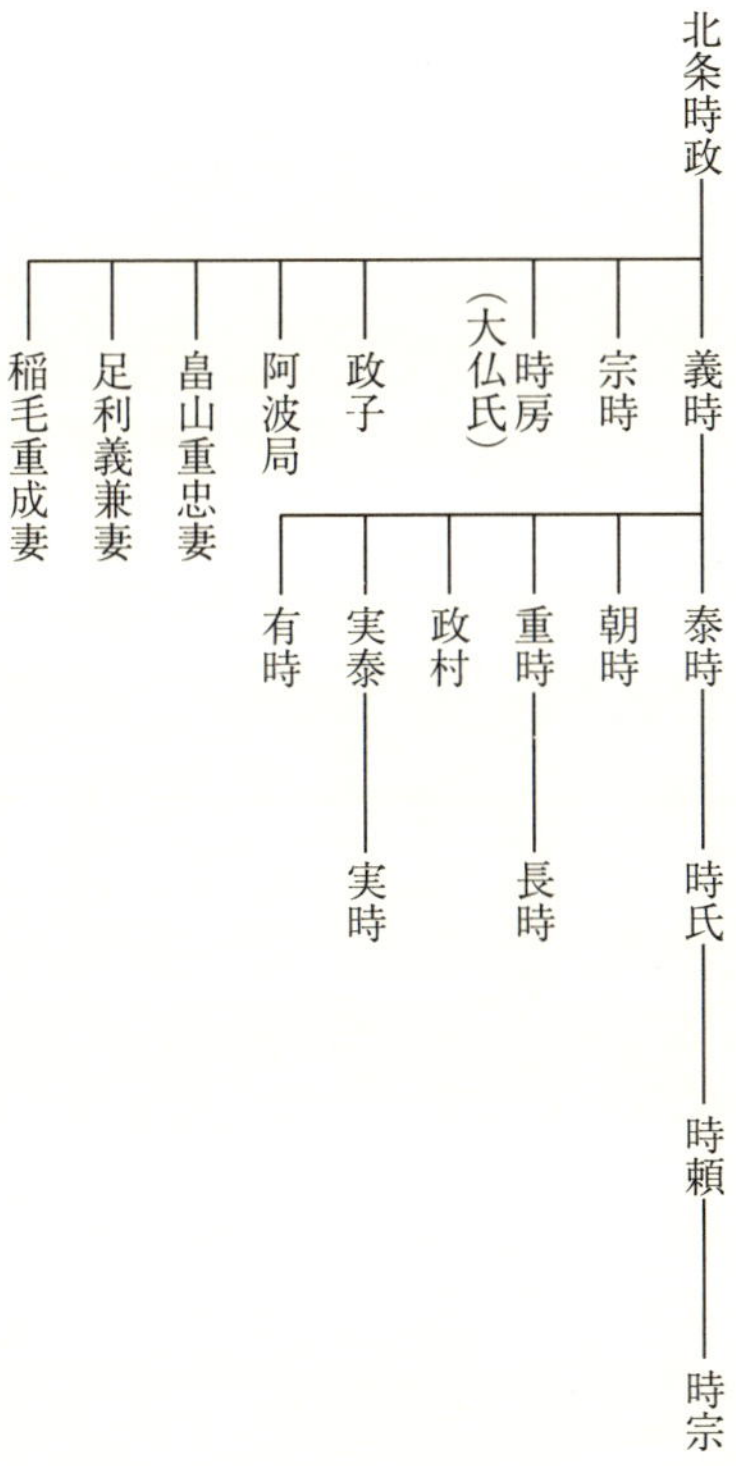


【北条氏略系図】

は、騎馬武者に従う郎党たちを含めると、五十万から六十万にも達する大軍であったということになる。京都側に飛脚が着き、「雲霞の如し」の表現に、三人の院がびっくり仰天した、と表現されているのもうなずける。

幕府軍は小合戦を展開しながら西に進んだ。六月六日には魔免戸《まめど》で合戦があり、朝廷軍（官軍）が敗北したと天皇に報告があった。敗軍の兵が続々と京に帰還したため御所中が騒動になった。「女房並びに上下北面医陰の輩等、東西に走り迷う」と『吾妻鏡』は表現している。女性だけでなく、上下の公家衆、北面の武士、医者、陰陽師まで、すべての人があわて騒ぎ、逃げまどったようすがよくわかる。公家やその家の侍たちの逃げていく先は、宇治、瀬田、田原など南の方角であった。上皇は比叡山に逃げようと思い立ち、西坂本の梶井御所に入る。両親王は十禅師に宿をとった。この時、「右幕下」（西園寺公経《さいおんじきんつね》）父子は「囚人の如く」引き連れられていたという。幕府に子供を将軍として出した親幕府派の公家は、厳しい目にあっていたのである。

天皇、三院は比叡山には落ち着かず、一日で高陽院《かやのいん》（京都の西洞院西、大炊御門大路北の四町を占めていた里内裏）に帰ってきた。西園寺公経父子は勅勘を被った。

### 勝敗は決す

六月十三日、瀬田で激戦が展開される。合戦史上有名な瀬田の合戦である。はじめは上皇方が優勢であったが、幕府軍は水かさの増した河を物ともせず押し渡り、戦い、ついに上皇方は大敗北を喫した。六月十五日、泰時のもとに院宣が届き、そこには「今度の合戦は叡慮から出たものではない（院や天皇の思し召しではない）。謀臣などの所行である。今においては、申請に任せ、宣旨を下すから（関東の要求を呑むから）、洛中で狼藉に及んではならないと、関東武士たちに下知すべきである」とあった。合戦の責任は、院方に加わって戦った公家や武士たちに帰せられてしまった。院方として働いた武士たちこそ、損な役回りを演じたことになる。関東の武士のうち、院方となった三浦胤義父子は、東寺門内にこもり、自殺して果てる。院方に加わった者のうち、武士たちだけが、この後も自ら責任を取る行為をみせている。

関東の軍勢のうち、泰時の軍はこの日（六月十五日）六波羅《ろくはら》に到着した。「東士」（関東の軍勢）は畿内畿外に充満し、院方の武士「西面北面《さいめんほくめん》」は「忽ち滅ぶ」という合戦であった。その後、ここには、鎌倉幕府の六波羅探題がおかれる。六波羅探題は、畿内西国の御家人たちを管轄し、裁判も行うという、重要な機関となるのである。承久の乱で幕府の御家人がいくばくか院方に加わったという苦い経験は、六波羅探題の設置に生かされたのである。

六波羅には時房も集結し、時房・泰時はさっそく、御家人たちの勲功を調査しはじめる。宇治・瀬田で敵を討った人びと二百五十五人、宇治橋合戦での死傷者二百四十人など、名前を調べあげ、膨大な名簿を関東に送った。逆に合戦の際、院方に加わった張本人の公家

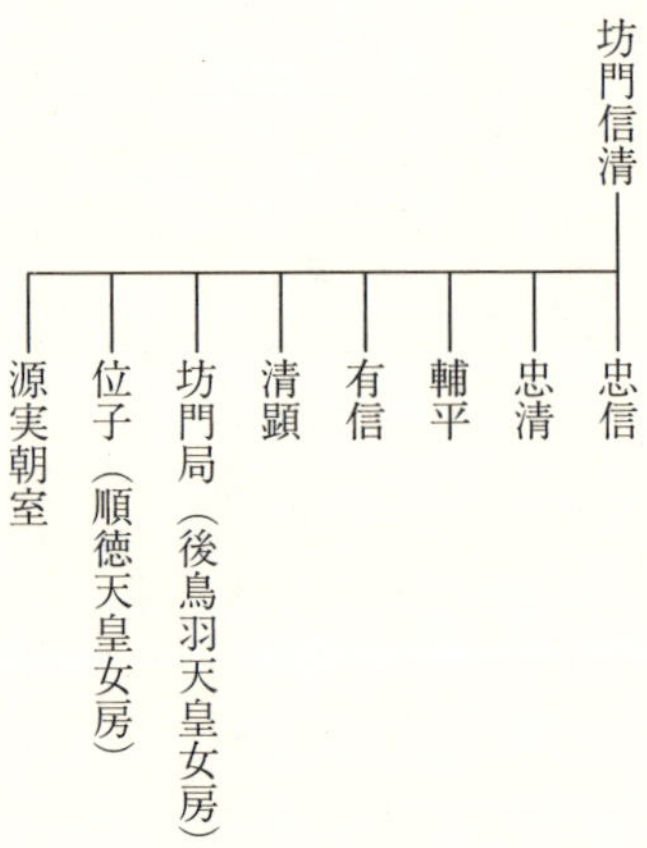


【坊門氏略系図】

は、六波羅に送られて処罰を待つことになった。三院が隠岐国や佐渡国などに流されるのは七月十三日以後のことである。
関東で京の公家たちと唯一繋がりの深かった人は、二位家政子であったから、公家の源有雅のように政子に嘆願するものもあった。しかし、有雅を預かっていた小笠原長清が、政子の「刑罰をゆるめるべきである」との手紙の到来を待たず、誅殺してしまった、というような例もある。公家のうち坊門大納言忠信は、後鳥羽上皇方の「大将軍」であって、宇治、瀬田で幕府軍と戦ったため、千葉胤綱《たねつな》にともなわれて鎌倉に連行されている。実朝の正室はこの人の妹であったので、政子はそのよしみから口添えしたようであり、死罪は免れ、越後国に配流になった。
八月となり、ようやく承久の乱後の混乱も一段落したので、幕府は伊勢内宮、外宮、鶴岡八幡宮、諏訪宮に所領を寄進して、神に感謝している。

**論功行賞**

次に取り組まれたのが、論功行賞である。「叛逆の卿相雲客並びに勇士所領等」を泰時が調べたところ、およそ三千余箇所にものぼった。この三千余箇所の没収地を配分したのは、「二品禅尼」政子であった。

**北条政子像**
（鎌倉市　安養院蔵）

政子はこれらの没収地を「勇敢勲功の浅深に従い」多く与えたり、少なくとどめたりしたのであった。右京兆・義時が実際の配分を執行したが、自分の分としては「針を立てる」所も受け取らなかったので、世の人々はこれを美談としたという。
ここで注目したいのは義時の欲のなさではなく、所領を配分したのが、政子であったことである。下調べは泰時が担当し、配分時に義時の「執行」(実務)はあったとしても、配分そのものは政子によってなされたことが重要である。先にも述べたように、論功行賞はかつては関東の長者であった頼朝によってなされた。主従関係の頂点にある者が行使する権限である。「征夷大将軍」の地位にあった者が、手柄を立てた御家人たちに勲功に応じて賞を行う姿は自然のものである。承久の乱時には、政子はまさに将軍の地位に相当する立場にあったことになる。

承久の乱以前に二位の位を得て、「二位家」あるいは「禅譲二位家」と呼ばれていた政子は、関東の武士の社会を見事な演説で一つにまとめ、天皇や院の権威にも屈せず、大軍の派遣方法について自ら決定を下し、軍事面でも才能のあったことを示した。また大乱が終息すると、その後の論功行賞という難しい問題も自らの責任で解決したのであった。「尼将軍」は後世つけられた呼称であるが、六十五歳の政子はこの時代、まさに「尼将軍」と呼ばれるのが似つかわしい働きをしていたのである。

# 第五章　承久の乱後の政子

承久の乱は幕府とそれを支持してきた御家人にとって、鎌倉期最大の危機であった。こうした難局を幕府方の勝利として乗り切ることができたのは、第一に政子の功績であったということができよう。この承久の乱は、合戦の経過に政子の力が大きく寄与した点が重要であったが、それればかりでなく、合戦後社会状況が大きく変化していることを考えれば、その局面の重大さは武家政権の維持発展にとってはかり知れないものがあった。この章では乱後の社会変化はどのようなものであったのか、そうした乱後の社会は誰の指導のもとに建設されたのか、そのなかで政子はどのような役割を果したのか、政子の死にいたるまでの晩年の姿を検討してみる。

## 一　承久の乱の意義

### 新補地頭の設置

承久の乱では関東武士たちは、院方からの誘いにもかかわらず、一致結束して院方に対戦した。たとえば、法橋昌明《ほっきょうしょうめい》は頼朝時代に功のあった僧侶であった。このたびの合戦では僧侶であるため、院からの直接の誘いがあったが、鎌倉方につくという意志は「巌の如く強固で、「かつて関東を捨てず」幕府に味方し数々の手柄を立てた。このことは政子に聞こえていたので、但馬国守護職や荘園を本人の申請に先んじて与えられたという。

頼朝時代をよく知っている政子が、承久の乱時に幕府方を指揮したことが、勝利につながったと思われる。政子の演説や政子の方針決定に、御家人たちが賛同し心を一つにできたのは、頼朝時代のほんとうの継承者が政子であったためである。

こうして幕府方が勝利した承久の乱の結果もたらされた最も大きな成果は、地頭の設置であった。この地頭は「新補地頭」と呼ばれる。院方に味方して敗北した公家や寺社の所領、また武士の所領は没収され、そこに新補地頭がおかれたのであり、没収箇所は三千余箇所という膨大な数に上った。しかも新しくおかれた地頭の得分は、年貢の一部を地頭得分として収取できたばかりでなく、十町毎に一町の免田を所領として得ることができたため、大抵の場合、これまでにおかれていた地頭よりも、大きな権利を獲得できたという特色があった。したがって、承久の乱の没収地に地頭を設置できたことは、鎌倉幕府の地頭制度にとって、はかり知れないほど大きな効果をもたらしたのである。新補地頭の全国の荘園、国衙《こくが》領への設置は、鎌倉幕府の御家人制度（地頭制）を揺るぎない強固なものにしたのである。院方からの没収地は畿内から西国に多かったので、鎌倉幕府は、乱後名実ともに全国政権に成長した。

このように重要な承久の乱後の新補地頭の設置を実現したのが、政子であったことは、女性史のみならず日本史の中で特筆すべき事柄であると思う。鎌倉幕府の地頭制度は、政子の力によって完成され、確立されたのである。

### 設置後のケア

承久の乱の二年後、新補地頭の制度はほぼ順調に根づきはじめた。そうした時、政子はこの新補地頭が庶民の意にかなうものであるかどうかを知ろうと、一つの通達を出している。「新補の守護地頭などの所務に誤りがあれば注進するように」という通達である。これは「畿内西国の在庁」などに対して、政子が義時に文書を書かせて通達している。在庁は国衙という、平安時代以来各国におかれた公的政治機関である。その役人にはこのころ武士が多くなりはじめたとはいえ、幕府の直接管轄する機関ではなく、平安時代以来の歴史のある国家機構である。こうした本来管轄権のない部署に対して、地頭の行いの過ちを指摘させようとする態度は、地頭制度に対して責任を感じている証拠であろう。地頭制が健全なかたちで根づくようにと、政子があとあとまで思索をめぐらしている様子がよくわかる。

## 二　伊賀氏の乱

### 頼経の後見

承久の乱という大乱が幕府方の勝利に終わり、新補地頭制が全国に敷かれるにしたがって、武家社会は安定と繁栄の時期を迎える。安定期の到来によって、政子の生活も静けさを取り戻し、寺社の建設の指示や寺社への参詣、仏事の執行、幕府行事への参加などが主な仕事となる。

しかし乱後の政子の最も大きな役割は、幼い将軍候補（三寅・のちの頼経）を後見しつつ、立派に成人させることであったように思う。子供時代の頼経は、事あるごとに「二品御方」(政子邸)を訪れている。そしてまた御家人を供奉させて政子邸を訪問することが「常儀」(恒例の儀式)であるとも記されている(承応二年五月二十四日条)。頼経が貞応三年(元仁元年)七歳になり「手習い(習字)」が始まった時、その手習いを「二品」政子がそばから手助けしている。励ましたり、褒めたりしながら、手習いを続けさせている政子の姿が想像できる。両親と離れて祖母のもとに引き取られた孫と祖母のような光景だったのだろう。

### 不穏な空気

この時、静寂を破るあわただしい動きがまたみえはじめた。そのきっかけは北条義時の死にあった。政子の弟・義時は、父の時政とともに、頼朝をたすけ、関東に幕府を樹立し、頼家時代は宿老中に列し、実朝時代は執権となって幕府を守った功労者であったが、元仁元(一二二四)年六月、六十二歳の生涯を閉じたのである。脚気と日射病が死因であったとされる。

この義時の死去によって「巷説《こうせつ》」(ちまたの噂)がさまざまに飛び交った。伊賀光宗兄弟とその姉妹である義時の後妻(伊賀朝光の娘)は、義時の婿・宰相中将一条実雅《さねまさ》を関東の将軍に立て、義時の息子・政村をその後見にし、関東のことは伊賀光宗兄弟に任せるべき

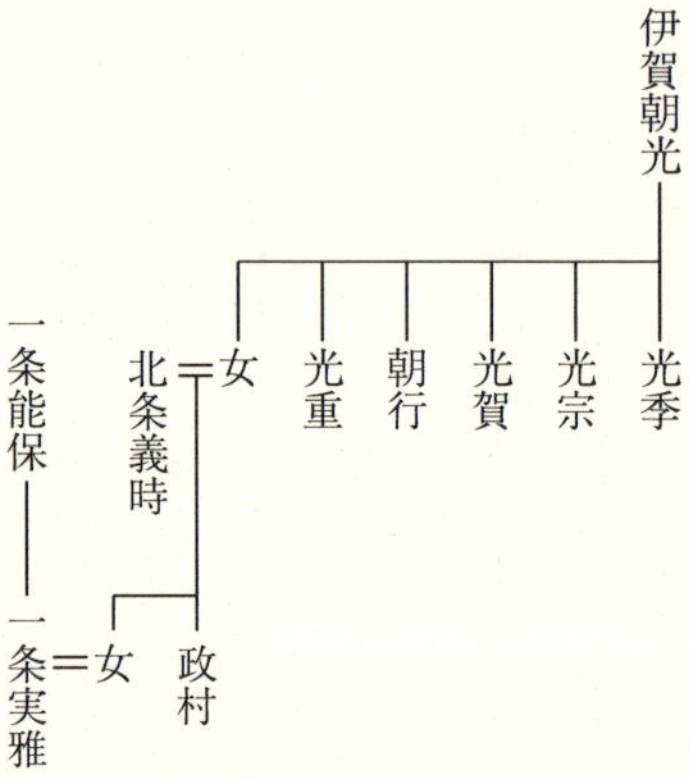


【伊賀氏略系図】

だという思いを固め、一致協力する体制を形成しつつあった。

一条実雅は幕府と関係の深い一条能保の末子である。また伊賀光季は承久の乱の時、京都守護として上皇方と戦って自刃していた。そのため伊賀氏の一族ではこのころ光宗が惣領格となり、政所執事として幕府内で一勢力を形成していた。義時の死は伊賀氏と北条氏の一部の結束を一気に強めたといえよう。

こうした情勢を察知した政子は、弟・時房と甥・泰時の二人が「軍営」（陣営・ここでは幕府を指す）の後見役として「武家の事を執行すべきである」との決定を下す。承久の乱後の、そして幕府を支えた中心でもあった義時の死という不穏な情勢を鎮めるために、いち早く、幕府の執政権を持つべき者を政子が指定した、ということになる。

伊賀光宗兄弟は伊賀氏と北条氏の一部分だけでは政権奪取は無理とみたのか、しきりに三浦義村のもとに出入りし、相談を重ね、また義時の後室と固く結んで誓いあった。こうした不穏な動きを察知した政子は積極的な行動に出る。女房・駿河局《するがのつぼね》一人を連れて、政子は三浦義村邸に乗り込むのである。義村は思わぬ事態に、驚き狼狽しつつも、政子の意に従わざるをえなかった。

政子は義村にこう言った。


義時が亡くなったため、泰時が京から鎌倉に帰ってきたところ、人々はあちらこちらに集まって、世間が騒がしくなった。北条政村や伊賀光宗らはしきりに三浦義村邸に出入りし、密議を凝らしているとの風聞があるが何事か。泰時に相談せず独自行動をとるというのか。承久の逆乱の時、関東が勝利をおさめたのは天命ではあるが、なかばは泰時の功績である。義時は数度の戦火をしずめ、世を平穏に導いた。その跡を継ぎ、関東の棟梁になる者は泰時しかいない。泰時がいなければ、人びとはどうして運を開くことができたであろうか。政村は義村と親子のように親しんでいるようである。談合の疑いのあることは明白である。政村や伊賀光宗が無事であるように厳しく諫めるべきである。

三浦義村は「存じません」と抗弁したが、政子は納得せず、「政村をたすけて乱世への企てをなすのか、和平の計らいをめぐらすのか早く決断しなさい」と重ねて要求したので、義村は「北条政村にはまったく逆心はありません。伊賀光宗などは反逆の準備をしています」と弁明し、自分としてもこの反乱を制止しますと誓ったので、ようやく政子は義村邸から帰宅した。

翌日（七月十八日）三浦義村は泰時にこう言っている。「故義時殿の時、私は人並みの忠節にはげんだので、北条氏からは丁重に扱われた。そのため義時殿のご子息・政村殿の元服の時、私は加冠役を仰せつかった。愚息・泰村は猶子とされており、そのご恩を思えば、泰時殿、政村殿のお二人にどうして悪感情をもつことができましょうか。ただ、請い願うところは世の平安である。伊賀光宗はいささか計略するところがあるようだが、私が諌め

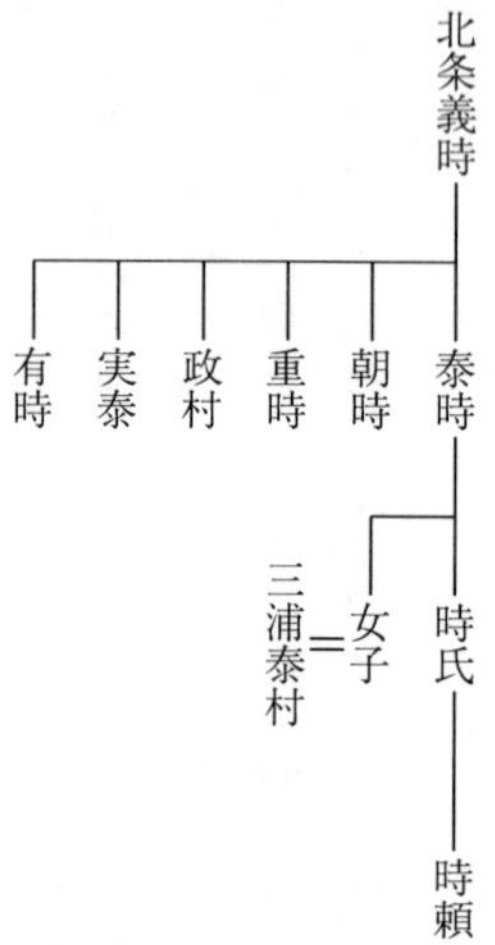


【北条氏略系図】

たのでその言葉を聞き入れました」と。

ちなみに北条政村は泰時の弟で母は伊賀朝光の娘であって、この年二十一歳の青年であった。三浦義村は頼朝に従って以来数々の乱や合戦をくぐり抜けてきた武士であり、宿老に列せられた人物であったことは、今までにも述べてきた。そればかりでなく、義村は娘を泰時に嫁がせており（一二〇二年、泰時二十歳のときのことである）、逆に泰時の娘は三浦泰村の妻になるのである。泰村の婚姻はこの年（一二二四年）から一二二八年までの四年間のうちになされたと考える。なぜなら泰村の妻は、一二二九年に死産ではあったが出産しているからである。

三浦義村が政子の諫めを受け入れた背景には、三浦氏自身の北条家との緊密な婚姻関係があった。頼朝、政子との主従関係の固さは三浦氏がこの乱に加担しなかった最も大きな理由であると思うが、三浦氏自身の独自の情勢分析にもとづく北条氏との繋がりもまた、伊賀氏方につかなかった理由であると思う。

政子の行動は、これでは終わらなかった。翌月の閏七月一日、政子は「若君」頼経を伴って泰時邸に入り、三浦義村邸に何度も使いを走らせ、義村を呼びつけるという手段に出た。そしてこう言った。「私は今、若君を抱いて北条時房、泰時などと一緒にいる。三浦義村だけが別の所にいてはならない。同じくここに来るべきである」と。義村は辞退することができなかったという。そうして三浦氏を味方に引き込んだうえで、壱岐入道《いきにゅうどう》（定蓮）、中条家長《いえなが》、小山朝政、結城朝光などの宿老に対して、政子は時房を通じて以下のように触れさせた。「上（頼経のこと）が幼稚であるため、下（御家人たち）は謀逆を企むのを禁じがたい。そのため私は『老命』を生かし続けなければならない。各々は故将軍（頼朝）時代を思い出し、一致協力すれば何者も蜂起できない」と。

このように政子は宿老たちに対して、頼朝時代の、武士たちが新しい社会の建設に邁進していたころの一致団結の状況を思い出させ、協力することを呼びかけた。宿老に対する触れというかたちの呼びかけは、先の承久の乱勃発に際して御家人たちを前に演説したのと同じである。また若君を連れて味方の人びとを呼び集め、相手方になりそうな人物に訓戒を与える手法は、頼家に対する訓戒や、牧の方による平賀朝雅擁立事件の際、政子がすばやく実朝を義時邸に入れた行動などに酷似している。政子はこれまでに獲得したあらゆる手段を駆使して、乱を未然に防いだといえよう。

## 伊賀氏の乱の後始末

閏七月三日、政子の「御前」で「世上のこと」が「御沙汰」された。つまり、伊賀氏の乱の決着をつけたのがまたもや政子であったことが『吾妻鏡』に記されている。政子のもとには時房が参上し、大江広元も、参上せよとの命令に、老病を押して応じている。関実忠が記録係を務めた。

この時の処分の内容は、光宗らが関東の将軍に立てようとした一条実雅は、京都に送り返し、罪名を朝廷に伺う、義時の後室や伊賀光宗などは流刑に処し、その他のものは「与同」(一味をなすこと)の疑いがあっても、罪科には問わない、という温情的なものであった。謀叛は計画されたが実際に合戦が勃発する前に、政子の努力で衝突が回避されたためであったのだろう。また、北条一族の政村らが疑惑を持たれた点で、北条氏にとって軽罪で早く片づけたい事件でもあったからであろう。

実際には、一条実雅は十月になって越前に配流され、伊賀光宗は政所執事を解任され、所領五十二カ所を没収される。光宗の身柄は叔父の隠岐入道行西に預けられた。重罪人を親戚である行西に預けるのははばかられたが、「行西はどの点においても疑いはないので預けおく」と政子が命じたので、泰時はこれを実行している。

伊賀氏の乱は、伊賀氏出身の義時の後家が、生家伊賀氏の光宗と計って、女婿の一条実雅を将軍に、後家の実子・政村を執権にして、幕府の実権を伊賀氏中心に握ろうとした事件であった。この謀叛事件を察知した政子が先手を打って、三浦氏という宿老中の中心人物を味方に引き入れ、北条泰時、時房らを核として結束を固めることにより、重大事件に発展しそうな状況であったのを回避したのであった。危機の回避に政子が用いた手段は、宿老たちへの発言といい、三浦氏への説得といい、頼経を伴っての味方の一致団結と一カ所への集結といい、これまでの危機の際に経験し学びとった方法であったこともわかった。

伊賀氏の乱は政子の先手を打っての見事な対処によって、重大局面に至る以前に回避された事件であったといえる。

さらに、伊賀氏の乱のような重大事件に直面した幕府では、政子が命じたり、「沙汰」したりしており、政子の執政が復活していたことが明白になる。これまでの事件と異なる点は、政子の命をうけて実行する主体が泰時に移った点のみである。泰時の執権時代は、こうして政子の執政の実行役を務めることから始まったのである。この年、政子六十八歳、泰時四十二歳、頼経は七歳であった。

こののち義時の後室であった伊賀氏は、政子によって伊豆国北条に蟄居を命じられ、伊賀光宗は信濃に配流されるが、後日許され、所領も一部分返され、評定衆に返り咲く。現実に反乱軍を起ち上げ蜂起するにいたらなかったことの意義は、伊賀氏にとって大きかったにちがいない。

義時の後室が伊豆の北条郡に蟄居を命じられたのは、婚姻先の北条氏の所領のある北条郡におかれれば、監視の目が行き届くと考えてのことであろうが、この人だけ処罰が軽いのではとの感は否めない。幕府に大功のあった義時の妻である点が考慮され、罪が減じられたものであろう。

伊賀氏の乱によって義時の後家が処罰されたため、義時の遺領の配分は、乱直後の九月五日に政子から正式になされている。当時、武士の家で当主が亡くなるとその後家が遺領や遺品を配分するのが常識となっていた。この時の北条氏には配分権を持つ後家がいなかったので、一族の長老の尼を兼ねる政子が配分したのであろう。配分注文の原案を泰時が作り、政子から泰時に与えるという形で公にされた。配分注文は方々に回覧され、所存があれば言上し、なければ下文（将軍の公的文書）を与えると触れたところ、異議はなかったとされる。

こうして、北条義時家という一つの家の相続も、その家の後家がいないという状況下では、一族の長老の尼たる政子によって行われた。この義時の遺領配分では、政子が一族の長老であることとともに、下文を出すとしている点から、「尼将軍」として公的文書を出す立場にいたことも示している。老齢の政子は将軍であるとともに、北条一族の長老として振舞わねばならないという、二重の重責を負っていたのである。

## 三　政子の死

### 短い隠居生活

義時というよき伴走者を亡くし、伊賀氏の乱でまた姻族を失った政子であったが、承久の乱のころから新しい伴走者が育ってきていた。それは北条泰時である。泰時は義時の嫡子であるから、遺領配分を受ける立場にあったが、自らの配分はごく少なかったようである。この原案を見た政子が不思議に思い、泰時に尋ねると、「自分は執権を預かる身ですから、所領を争う気はありません、弟たちに与えたいと思います」と答えて、政子を感激させている。伊賀氏の乱の際に「関東の棟梁にふさわしいのは泰時である」と断言した言葉に偽りはなかったとの安堵感を、政子はもったことだろう。泰時はこの後、道理に基づく政治に努力を傾け、『御成敗式目《ごせいばいしきもく》』を制定することになる。

元仁二（一二二五）年、政子は世俗のことを執行する仕事は泰時に任せ、ふたたび鶴岡八幡宮で仏事を修めたり、般若心経の書写供養を計画したりする生活に戻る。しかし六月に入ると病気がちになり、危篤に陥った。いったんは持ち直したものの、七月十一日、ついにその命の炎は消えてしまう。六十九歳であった。

## 尼将軍の死

政子の危篤を知って多くの人々が集まった。「諸人群れをなす」と『吾妻鏡』は記している。政子がついに亡くなると民部太夫《みんぶたゆうに》二階堂行盛《かいどうゆきもり》をはじめ、出家した男女は多かったという。それだけ政子は多くの人びとに尊敬され、慕われていたのである。

政子の遺体は火葬された。政子の死は伊賀朝行、光重にとっては恩赦となって返ってきた。政子の死後仏事は頼経の御台所・竹御所が執り行っている。竹御所とは、頼家の娘であり、政子の孫にあたる。源氏の男系が絶えたため、寛喜二（一二三〇）年二十八歳の時、十三歳になった頼経と婚姻し、四年後の出産の際、自らの命も落としてしまうという薄幸の女性である。
こうして鎌倉前期に偉大な足跡を残した政子は歴史から姿を消した。死に際して『吾妻鏡』は次のように記している。

前漢の呂后《りょこう》に同じく天下を執行せしめ給う、若しくは又神功皇后《じんぐうこうごう》再生せしめ、我国の皇基を擁護せしめ給うか。

「政子様は前漢の呂后と同じで、天下を執行なさった。あるいは神功皇后の再来である。我国の皇室の基礎をお守りになったのである。」
呂皇后は、強引かつ残酷なやり方で気に入らない者を処罰し、権力を握った人であるので、私は政子の譬《たと》えとしては不適当であると思う。しかし「天下を執行せしめ給う」は政子が執政したことを明言している点で正しい評価であると思う。「皇基の擁護」とは、政子の天皇家に対する一般的な尊敬の念をいっているのであると解釈したい。承久の乱の、院と対戦したという事実経過からすれば、けっして「皇基の擁護」とはいえないからである。

重要な点は、『吾妻鏡』という鎌倉期の記録が政子の執政の事実をほめている点である。これは『吾妻鏡』のこの部分の記述によるまでもなく、これまで一つ一つの事件に際して本文で述べてきたことからも十分いえることである。北条政子は鎌倉前期の政治上、執政した足跡を残す女性、しかも建設途上の幕府と東国御家人社会の基礎づくりに大きく貢献した女性であったのである。頼朝亡きあと、未完成のままに残った幕府を、後家尼となっても、一生背負いつづけた「御台所」だった。

# 第六章　武士階級の女性たち

## 一　武士の娘と妻

これまで述べてきたことから、北条政子という女性が鎌倉期の政治や社会の展開に果たした役割が大きかったことがわかった。ではこのように鎌倉期に活躍した女性は、政子ただ一人だったのであろうか。政子だけが特異な存在であって、他の女性たちは一般にいわれるように、封建制度のもと、家父長に抑圧されて物のようにやりとりされるだけの人形のような存在であったのだろうか。この点が問題となろう。

鎌倉時代の武士の娘や妻の存在形態を知る一番の近道は、幕府の法令で娘や妻がどのように記されているのか、また裁判文書や譲状で妻や娘にどのようなものが譲られているのか検討することである。この検討を子細に行う仕事は筆者のほかの論考数編（『日本中世の女性』『日本中世女性史論』『日本中世の社会と女性』『女人政治の中世』）に譲り、得られた結論と要になる史料のみ提示して、政子のありかたと比較してみよう。

## 二　所領配分にみる女性

### 大友能直の場合

武士の娘は子息と同様に親から財産を譲与された。また譲与されて当然との常識があった。この実例を大友氏について考えよう。

頼朝に仕えた御家人で、頼朝の朝廷との交渉に代官や使節また京都守護として活躍した中原親能《ちかよし》には、跡継ぎ・季時がいたが、子供のころ世話になったとされる相模国の武士の家から大友能直《よしなお》を養子に迎えた。能直の本領相模国大友郷は、のちに述べるように親能の手を経て能直のもとに返った。また、中原親能、大友能直ともに幕府草創に貢献したので、能直には豊前・豊後守護職、筑後守護職、また豊後国大野荘の地頭職が与えられた。

中原親能と大友氏（波多野氏）とは、次のような婚姻関係で結びついていたので、養子縁組が成立したと考えられる。

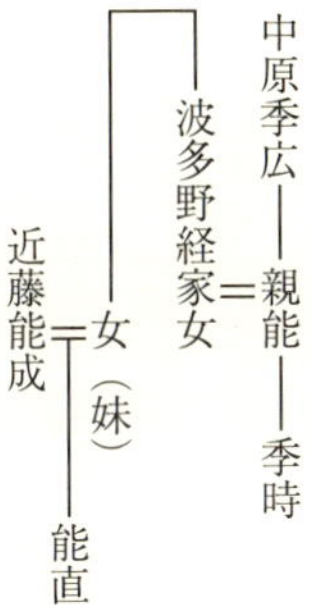


【中原氏と大友氏】

中原親能は妻の妹の子すなわち甥を養子にしたのである。大友氏（波多野氏）がもともと本拠地としていた大友郷は、娘婿の中原親能に相続されたが、ふたたび、養子・能直のもとに戻ったことになる。『吾妻鏡』によれば、大友能直は文治四（一一八八）年十七歳で元服のあと、翌年の頼朝の奥州藤原泰衡征伐に従軍し、建久四（一一九三）年富士野の巻狩や、曽我兄弟の敵討ちの際には頼朝の身辺で警護を務めている様子がみられた。その後豊前、豊後や筑後守護職を得ているので、主に鎌倉ではなく、京都で職務を務め、また時には豊後にも下って所領を監督したものと考える。能直は貞応二（一二二三）年十一月二十七日、京都で亡くなる。五十二歳であった。政子の亡くなる二年前のことであった。
大友能直は死の直前、譲状を認めた。その文面は次のようなものである。

譲与す

所領弐《（二）》箇所の事
壱《（一）》所　豊後国内大野荘地頭職
壱所　相模国大友郷地頭郷司職
副《そ》え渡す　関東御下文、親父掃部頭入道譲状以下具書等
右件の所領等、関東御下文を賜り、年来の間、相違なく領承（了承）しきたるところなり、しかれども、女房平氏、数子の母堂たるの上、年来の夫婦たるによって、証文などをあい副え、永年を限り、譲り渡す所なり。早く譲状に任せ、相違なく領掌せしむべきなり。敢えて他の妨げあるべからず。よって後日の証文として、譲状件の如し。
貞応弐年十一月二日　　前豊前守藤原朝臣

## 能直の妻と子供たち

能直は死の近いのを悟って、自分が父から受け継いだ職《しき》や所領のうち、主な所領を妻に譲ろうと思い、この譲状を書いたことがわかる。
残された諸々の史料によれば大友能直には次のような子供たちがいたと思われる。

大友能直――┬――親秀

【大友能直の子供たち】

- 能秀（詫摩）
- 時直（帯刀）
- 有直
- 親直
- 時景（一萬田）
- 禅能
- 秀直（鷹尾）
- 能郷（大友志賀）
- 能職（豊前）
- 朝直
- 泰広（田原）
- 女（善刑部大夫室）
- 女（名越朝時室）
- 女（山上中将室、久珠女房）

親秀は惣領であり、そのほかの男子たちは、早世したり、仏門に入った者をのぞき、この後、詫摩《たくま》、帯刀《たてわき》、一萬田、鷹尾、志賀《しが》、田原などの姓を名乗る庶子家を形成することになる。

同日付の末子・仁王丸（志賀能郷）宛の譲状には、豊後国内の所領を譲るが、関東の公事は嫡子・大友親秀の命に従うようにと記している。この点から考えて、男子には成年になっていた者も多かったと推測されるのに、なぜ根本所領大友郷と、恩給された大所領大野荘を妻に譲ったのであろうか。この点を解明することが、鎌倉期の武士の妻について理解するには不可欠であると思う。

大友能直とその妻は、家の相続人には決して不足していなかった。であるのに、主な所領は妻に譲ったということは大変興味深い。守護職は将軍から与えられた職であって、まだ鎌倉前期にはその職を親から子孫に伝えられるものではなく、与えられた者が死亡すると主君、幕府に返上するという観念が普通であったから、所領や拝領した地頭職に優る確実な財産はなかったのである。その、家にとって最も確実で、その意味で重要な財産を、能直は妻に譲って亡くなった。

このことは当時の武士の妻が夫の事業（鎌倉武士ならば武士としての家職）を継承し、次代に伝えるための、もっとも適当な相続人であったことを示す。能直は妻（平氏）に所領と地頭職を譲り渡す時、彼女が数人の子の母親であったことと、年来の夫婦であったことを理由に挙げている。夫婦であったことが両者のあいだに固い信頼関係を築かせており、自分の死後の跡を託すべき人が、子ではなく妻であると思わせた理由はここにあったのである。妻が夫の家業を継承するという実例はまさに政子の生き方そのものであった。したがって政子のように後家として夫の事業を継承発展させる姿は、鎌倉期の武士階級では普遍的であったことが推測できる。

## 三　後家による所領配分

### 後家尼・深妙の場合

ほんとうに後家は亡夫の事業の継承者であったのだろうか。大友能直の妻のその後を検討してみよう。
大友能直の妻は夫の死後尼となって「深妙」と呼ばれた。そして夫の死から十七年後の延応二（一二四〇）年四月六日、能直の子供や嫁に所領を配分した。配分の詳細は次の通りである。

大友親秀　　相模国大友郷地頭郷司職
詫摩能秀　　豊後国大野荘内志賀村半分地頭職

一萬田景直（時景）　豊後国大野荘内上村半分地頭職
志賀能郷　豊後国大野荘内志賀村半分地頭職
豊前能職　豊後国大野荘内下村地頭職
女子犬御前　豊後国大野荘内中村地頭職
女子美濃局　豊後国大野荘内上村半分地頭職
時直後家　豊後国大野荘中村内保多田名

親秀から美濃局までは能直の子供であるが、「時直後家」は子息・帯刀時直の妻である。息子・時直はすでに亡くなっていたため、嫁に所領を配分したものと考える。

この配分状は鎌倉期の武士の相続について多くのことを我々に示してくれる。まず第一に、男子にも女子にも同じような比率で所領が与えられている点である。女子分は男子分に比べて極端に少ないということはない。惣領・親秀は鎌倉で御家人としての奉公があるし、本領であるから相模の本領を相続したのであろう。その他の男子女子には豊後国大野荘という大荘園を、一村あるいはその半分の単位に分割して与えたのである。相続した所領について、庶子と女子の間の差はなかったといえる。

第二に、男子にも女子にも地頭職が与えられている点が注目される。地頭としての資質に男女の差はなかったこともわかる。「女性が地頭職を持っていた」というと怪訝な顔をされるのが普通であるが、武士の女性なら地頭職を、公家の女性なら下司職や預所職を譲られたり与えられたりすることは、鎌倉期には多くの実例がある。女性が地頭職を望んで、頼朝から与えられた例を先に挙げた。

第三に、後家尼・深妙は嫁にも所領を配分していることが注目される。帯刀時直は亡くなったがその子供たちがいたのであろう。子供と時直後家の生活のために、保多田名《ほただみょう》を譲ったものと考える。なぜなら、時直について系図では「久保、得永祖《とくなが》」の注記があり、帯刀時直の子孫がさらに分かれて帯刀、久保、得永の家を興しているからである。深妙の後家ならではの配慮がなされたことが想像できる。

## その後の深妙

能直の妻「深妙」はこの後「風早禅尼《かざはやぜんに》」とも呼ばれ、その後も史料の中に姿をとどめている。「風早」とは深妙がかつて住んだ土地の名である。前掲系図には十二人の男子と三人の女子があったとされているが、これだけ多くの子を彼女一人で産んだとは考えがたい。深妙が夫から貞応二年に主要な所領を譲与された後、最初に行ったのは「将軍家御下文」を幕府からもらい、領地を確かに知行していることの確認をしてもらうことであった（『豊後国大野荘史料』）。そして延応二年の男女子への配分と同日に、子・能郷に「大野荘内志賀村半分地頭職」を譲与しているので、他の男子や女子にも、文書は現存していないが、同様にいちいち譲状を書き与え、公事は惣領の配分に従うべきことを言い添えたのであろう。

ところが志賀村七十三町は二男・詫摩能秀《たくまよしひで》と志賀能郷《しがよしさと》に半分ずつ分けて与えられたため、境に関して争いが生じたようである。そのため、深妙は能郷をさとし、深妙を頼りにしている能郷には書状を与えて「せんなき下らうともの中候ハん事につきて、中なとあしくをハしまし候ハん事ハ、ないけ（内外）ともにあしく候」と、詫摩能秀と仲よくすべきだといい聞かせている。

能郷はその後病気がちになったためか、「所労」を理由に子・泰朝に所領を譲与した（正嘉三年、一二五九年）。そこで深妙は弘長二（一二六二）年、孫・志賀泰朝にあらためて志賀村半分の地頭職を譲り、そのうちの名田一所を泰朝の弟・帥坊禅季《そちのぼうぜんき》に譲ったのである。

泰朝は祖母から志賀村半分の地頭職を得たのち、将軍（宗尊親王）から「下文」をもらっ

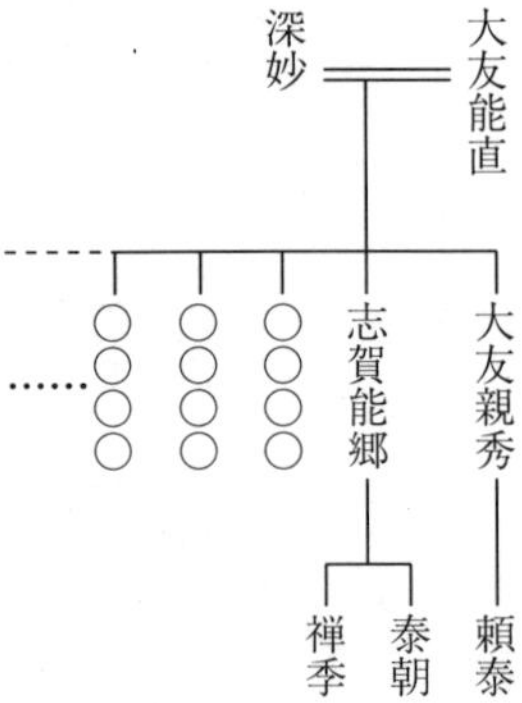

て安堵してもらうことを忘れなかった。

そのほか深妙は大友郷内の屋敷を大野基直と志賀泰朝に与え、その他の屋敷や田は泰朝に与えた。またその場合、幕府に対する御家人のつとめとしての公事は、惣領となった孫の頼泰に従うべきことを言い置き、同じく孫の禅季を僧になして風早草堂に置いて自分や能直の菩提を弔わせるように指示し、酒井寺の「経免」（お経をあげて供養を行う費用を調達するための田）を指定しているのである。

このことは、深妙が孫の代まで所領の配分権を持っていたことを示している。夫が亡くなってから、惣領は男系で長男の大友親秀に引き継がれ、ついで孫の頼泰に移行していた。大友氏は惣領のもと、一族が相模と豊後に根を下ろして発展期を迎えていたのである。そうした状況の中でも、惣領の権限を尊重しつつ、深妙が一部分ではあっても所領配分権を所持していたことは重要であろう。

特に、自分や夫の菩提を子孫に弔ってもらうための、寺への田の寄進、供養をする人物の指定、惣領の指定は、後家尼がなすものであったことがわかる。惣領が一族のなかですべての権限を握るのではなく、前代、先代の後家の権限が存続していたことは、北条政子の執政が時にあたって復活したり、頼朝以下、先立った一族の人々の菩提を弔ったことと、同じ根拠を持つものであると考える。

最後に後家尼・深妙は、文永二（一二六五）年、大野荘内の村々を男女子に譲与した経過を記し、特に志賀能郷は病気なので男女の子に自分が譲ったのだと述べ、とりわけ「ふびん」に思う（かわいいと思う）志賀泰朝にあとを託すので、自分と夫の「孝養」をすべきだ（仏事を修すべきだ）と言い置いている。

これらは、深妙が夫から任された所領を確実に子孫に伝えたこと、夫の仕事を受け継いで大きく育てたこと、またこれまでの経過を子孫に文字で残していることを示している。後家は夫の事業を継承発展させるだけでなく、家の歴史を子孫に伝える役割も果たしたのである。他の武士の家に残る文書では、後家や女子が「重代の文書」を預かるようにと書き記したものがある。武士の家の後家や娘には家に伝わる文書の保管という役割があった、大友深妙はその重大文書のうち、相続の経過を記す文書を作成し、大友家の歴史として後世に残したのである。

### 深妙の娘たち

次にこの配分に預かった二人の娘、犬御前と美濃局についてみてみよう。犬御前は深妙から大野荘内中村の地頭職を、美濃局は上村の地頭職を一萬田景直と半分ずつ分けて与えられていた。この後、大野荘がどのように相続されたか詳細を示す史料は少ない。わずかに弘安八（一二八五）年に大友頼泰が豊後守護として二階堂行忠に宛てて提出した「豊後国大田文」「図田帳」に関連部分があるので、それを検討する。ちなみに大友頼泰は親秀の子で、母は三浦家連の娘であった。貞応元（一二二二）年生まれの頼泰は鎌倉や京で暮らしていたが、蒙古合戦が始まると、九州に下向し、「鎮西東方奉行」として番役の催促や軍忠の認定などに活躍している。その経験から、合戦後の恩賞地をめぐる争いの裁決の基準作りの必要性を感じた頼泰が、豊後国内の寺社領・荘園・国衙領の田数と領家・地頭の名前を調べて幕府に注進したのが、これらの文書なのである。

深妙による配分から四十五年後の「大田文」によれば、美濃局分は次のとおりである。


上村五十一町内二十五町五段　地頭「横尾尼跡」（御所女房按察御局）

二十五町五段は上村五十一町のちょうど半分である。美濃局分がそのまま御所女房である按察局《あぜちのつぼね》に相続されたことがわかる。横尾尼とは美濃局のことであり、この時すでに亡くなっていた。美濃局については、「大友志賀系図」では能直の末女だとされ、「将軍御所玖珠女房　山上中将室」と記されている。美濃局は女房勤めの傍ら、山上中将貞親と結婚し、勤めを退いたのち玖珠《くす》郡大野荘に帰ったため、この地方の名称を冠して「玖珠女房」とも呼ばれていた。また、尼の子のうち横尾の地を継いで横尾姓を名乗った者がいたため、「横尾尼」とも呼ばれていたのである。

按察局とは何者だろうか。大野荘の他の村の田地は、この「大田文」ではすべて大友一族か姻戚の大野氏に継承されている。按察局もやはりこれら一族のひとり、おそらくは美濃局の娘であったと思われる（拙稿「鎌倉期の武士の女房」『日本中世の社会と女性』所収、吉川弘文館、一九八八年）。

一方、「犬御前」は、渡辺澄夫氏によって、名越朝時室であろうとされている（『増訂豊後大友氏の研究』第一法規出版、一九八一年）。大友能直が鎌倉や京で活躍していた点から考えて、大友氏の名越氏との婚姻はありうることである。名越朝時は北条義時の次男である。建保元（一二一三）年の和田の乱以後、戦闘においても、幕府政治においても、頭角を現し、大隅守護など五カ国の守護にも任命されている。朝時自身は執権・連署に次ぐ地位にあったとされる。

それにしても、朝時のような幕政の中心にいる人物と犬御前が婚姻関係を結んでいたことは、大友氏にとって、強力な支えとなったであろう。つまり女子の婚姻は武士の家にとってきわめて重大な関心事であり、その後の家の存続発展がはかれるか否かは結婚相手によるという要素も大きかったので、慎重に考慮されたと思われる。中世の婚姻は、決し

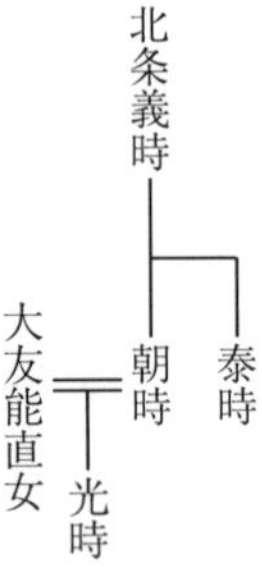


【北条氏と大友氏】

て女性を物としてぞんざいにやりとりしたのではなく、家ないし一族中でよくよく考えられたうえでの、同盟・協力関係の形成としての婚姻であったといえる。

### 犬御前の謎

犬御前は母親の深妙から大野荘内中村の地頭職を譲与された。ところが「大友志賀系図」にみえる「名越朝時室」がこの人であるとすると、矛盾が生じる。というのは、朝時の妻は深妙による譲与より十年も前の寛喜二年（一二三〇）四月九日に亡くなっているからである。『吾妻鏡』には「越後守朝時朝臣妻室卒去」とあり、実名は不明である。しかし犬御前が名越朝時の妻であったとすれば、死んだあとに母親から所領を譲られたことになる。しかし、やはり譲与時には亡くなっていた時直の場合、その後家に所領が譲与されていることと整合性がない。したがって私見では名越朝時の妻になり寛喜二年亡くなったのは、犬御前とは別の大友氏の娘であったと考える。

後、名越朝時の子・光時が寛元四年（一二四六）五月、執権北条時頼に謀叛の疑いをかけられる事件が起こるが（「名越光時の陰謀事件」といわれる）、この光時の母こそが、寛喜二年に亡くなった大友氏の娘であったと思われる。名越氏が前将軍藤原頼経を擁して執権に替わろうとしたとされるこの事件は、北条時頼方の陰謀の疑いが濃い。しかし、このような内乱を未然にくい止められる政子のような人物はすでにいなかったのである。

それでは、一二四〇年に健在であった大友能直の娘「犬御前」とはだれなのであろうか。系図には能直の女子は三人記されていて、そのうち「山上中将室、玖珠女房」は、美濃局であることを先に述べたし、「名越朝時室」は、一二三〇年に亡くなっていたことも述べた。とすれば犬御前は能直のもう一人の娘「善刑部太夫室《ぜんぎょうぶだゆう》」であると考えたほうがよいと思われる。

こう考える根拠は別の点にも求められる。名越氏の館は朝時の時代から名越にあったために、名越を姓としたのであるが、この人の夫と目される「善」氏すなわち三善氏の屋敷も名越にあった。また名越光時の陰謀に加担したとされて失脚している人物に、門注所執事三善康持《みよしやすもち》がいることも、名越氏と三善氏のつながりを感じさせるからである。婚姻によって広がった姻族が、一朝事ある時には、緊密な結束を示すことは、和田氏の乱などでも述べてきたところである。したがって犬御前は一二四〇年に母から大野荘中村の配分を受けたのち、三善氏と婚姻を遂げ、彼女の子孫は「宮迫」を称する大友の庶子家を形成したと考える。

ちなみに大野荘中村の田数は七十六町であり、弘安八（一二八五）年の「豊後国図田帳案」では「地頭職戸次二郎重頼」とある。よって犬御前が母からもらった地頭職は四十五年後には戸次《へつぎ》氏のものになっていたことがわかる。戸次氏は大友惣領家の親秀の二男重秀が戸次を称しているので、中村の地頭職は惣領家にもどったことになるのである。

このように、鎌倉期、とくに鎌倉前期の武士の女性は、所領を相続し、また地頭として、男兄弟と変わらぬ扱いを受けていた。婚姻は政子のように自分の意志で夫を選んだ女性は少なかったかもしれないが、婚姻自体が家と家との同盟や結束を目的としたものであったから、一家中で、また一族中で慎重に考えられ、重要な政策としてすすめられた。妻になれば夫婦間の協力はいうまでもなく、婚家と実家の両方の橋渡しをする人物として尊重され、大事件の際には婚姻で結ばれた姻族は同じ行動を採るのが自然であった。

妻になった女性が最も力を発揮するのは、不幸にして夫が先立った場合である。大友能直のように、「年来の夫婦」であったことを考慮して、妻に全幅の信頼を置き、男子を差し置いて、妻に全権を委譲する武士がいたのである。後家尼となった深妙もそれに応え、夫の死から十七年の後に公平な所領配分をおこなった。またそれ以後にも所領の配分をしていること、家の記録を後代に残していることも見た。このことは鎌倉武家社会で後家一般が家の中で重んじられていたことを表す。

政子が頼朝の死後、子供の時代、その後の幕府の危機に際して、重要事項の決定権を握ることができたのは、個々の武士の家で、深妙のように、一家の主として座る後家がいたからであると思う。御家人の社会では、後家が大きな権限を握るのは当然と考えられていたのである。

## 四　『御成敗式目』にみる武士の女性

では武士階級の女性は家の中でどのような役割を果たしていたのであろうか。法令などを手掛かりに娘と妻、それに後家の役割を検討してみよう。

### 武士の娘

武士の娘については『御成敗式目』の十八条がある。
一　所領を女子に譲り与えた後、不和の義がある時、その親が「悔《く》い返す」（取り戻す）ことができるかどうか。
右、男女の号が異なるといっても、父母の恩は同じである。「法家」の人はそれなりの解釈があるだろうが、女子は「悔い返さない」との文面を根拠に、親不幸の罪業を憚らないことがある。父母の方も「敵対の論」（親子で所領を巡って裁判の場に臨むこと）に及ぶのを嫌がって、所領を女子に譲らないことがあると聞く。これは親子義絶の起こりであり、「教令違犯」の基である。女子がもし背くことがあれば、父母は「悔い返す」か「悔い返さない」か、意のままにすればよい。これによって、女子は譲状を全うするために、忠孝を尽くし、父母は男女の別なく所領を譲って、子供の養育を完成させるだろう。

十八条はいったん女子に与えた所領を、あとになって親が取り返す（悔い返す）ことができるかどうかを問題にしている。そして親には「悔い返し権」があると断定しているのである。そして、いったん所領を譲られた女子が、たとえ親不孝の罪を犯したとしても、親は「悔い返し権」を発動させて、そのような娘から所領を取り返せばよいのであって、娘が「悔い返し」を拒否して娘対親の裁判になることをおそれて、はじめから娘には所領を譲らないとするのはいけない、ともいうのである。女子にだけ所領を譲らないのは親子の縁が切れるもとであり、「親とは子を教え導く者」という社会通念にも反するとまでいっているのである。むしろ娘に譲り、その後に「悔い返し権」が発動されるとしたほうが、娘は親に孝行するだろうし、親のほうもその務めを果たしたことになる、と幕府は判断している。
この条文を見ると、女子への所領譲与は当然なされるべきものと幕府が考えていたことがわかる。親にはいったん与えた所領を取り戻す「悔返権」があるのだから、親の考える配分率で譲与することが自然であるというのである。鎌倉期に大友氏の娘たちが子息と同じように所領と地頭職を親から譲与されたのは、このような社会的通念と幕府の方針に基づいていたことがわかる。

## 鎌倉期の家

またこの条文を読むと、「親」の語が「父母」と言い換えられていることもわかる。現代の感覚ではきわめて当然である「親」イコール「父母」だが、従来封建制下では「親」といえば「父」のことであるとの理解が常識であった。それが鎌倉時代の『御成敗式目』にもみられることに一種の驚きを感じられる向きも多いかもしれない。しかし、むしろ中世では、親といえば父だけでなく、母もそういわれる存在であったことを認識する必要があろう。大友氏の例でみたように、父だけでなく、母にも財産の処分権があり、被相続人となり、また家の重要事項を決定する権限をもっていたのである。家の中では父も母も家の中心に座り（父だけが中心に座っていたのではない）、家にとって最も重要な相続人を決定する権限をもっていた。また相続人としては、男子と女子のあいだに差はなく、双方ともに親から所領譲与をうけるべきものと、鎌倉前期の人々は考えていたことがわかる。

夫婦の家の中における位置関係をよく示す図像がある。これは戦国時代のものなのだが、長尾政景夫妻像がそれである。長尾政景の妻は上杉謙信の姉である。上杉謙信ははじめ長尾を称しており、父の為景《ためかげ》が越後を統一し、上杉憲政《のりまさ》を擁して関東へ出陣し、ついに永禄四（一五六一）年上杉の名を継いで関東管領に就任した。このことによって、上杉氏を称することになったのである。この為景が越後で覇権を握り、上杉氏に勝利することができたのは、三家に分かれていた長尾家を一つにまとめることができたからであり、その時、力を発揮したのが、長尾政景と謙信の姉の婚姻関係による結束であった。

長尾政景夫婦像（米沢市　常慶院蔵，部分）

この図像を見ると、政景とその妻が仲むつまじく顔を見合せていることがわかる。着衣は平服であり、妻はしまの小袖を着て、ひもで結んでおり、帯はしていない。右ひざは立てている。また髪は垂髪《すいはつ》である。この髪型は室町・戦国時代に武士にも庶民にも好まれた髪形である。つまり、日常的

長尾為景
├晴景
├景虎（上杉謙信）
└女＝政景（長尾）

な普段着の姿で夫婦の有りさまを絵像にのこしたのが、この夫婦像であったと思う。ちなみに、中世の武士の女性の座り方は、今とは異なり、あぐらをかくか、片ひざを立てた座り方をするのが普通であった。大徳寺の高桐院にある細川幽斎の妻の画像も、右ひざを立てて座った尼の姿で描かれているのである。家の中ではこの長尾政景夫妻のようなむつまじさ、夫婦の対等性がごく普通にみられたと考える。

## 武士の妻の務め

妻に関する条項はいくつか存在するが、最も多いのは再婚に関する条項である。その中に、妻の役割を示した条文があるので、それを取りあげてみよう。それは、『御成敗式目』が出されたのちに、追加として加えられた裁判の判例のうちの一つである。

一　「改嫁」（再婚）の事　延応元年（一二三九）・九・三十評定。
右、あるいは所領の成敗をいたし、あるいは家中の雑事を行い、それが公然化した場合は、厳しく諫《いさ》めなければならない。この外、内々の「密儀」にいたっては、たとい噂があったとしても、処罰の対象とはしない。次に尼が還俗して再婚することは、幕府の管轄外である。

式目が出来てすぐのちに出されたこの法令は、再婚したという事実は、再婚先で女性が「所領の成敗」をし、かつ「家中の雑事」をおこなっていたことが、まわりの人々に明らかになることを指標とすることを示している。つまり、これら二つのことは妻の役割であったことになる。武士の女性は妻になれば「所領を成敗」することと家の中の雑事を監督し実行することを役割としたといえる。この時の所領は自分が婚姻に際して持っていった「化粧料」と呼ばれた持参財産を主として指したが、夫の所領を預かって支配することをも含んでいた。夫は御家人ならば大番役などで長期にわたって家を留守にしたからである。

**衣服生産にたずさわる女性たち**
『七十一番職人歌合』より（東京国立博物館蔵）

大友能直も鎌倉や京での勤めが主であったことは前述した。夫不在の時には、まさに家長として所領を支配しなければならず、夫の在不在にかかわらず、家の中の雑事は妻が常に指揮権をもって、従者や下女を使って果たさねばならなかったのである。

「家中の雑事」の意味は現代の家政に似ている。従者や下女をふくめた家族の毎日の食物の調達法を考え、手に入れた物を保存貯蔵して、飢饉などで食物が手に入れられない時に備え、衣類を調達し（織り、縫いなどのすべての工程を含む）、家内で働く人々に目を配り、子供のしつけや教育まで担当するのが妻であった。広範囲な家事の総監督は妻であるから、夫が家の外の勤めを主に担当するのに対して、妻は主として家の中の人と物を管轄していたといえる。こうして武士の家では、夫と妻の間で役割分担がなされていたのである。

## 後家の務め

最後に後家の果たした役割とは何かについて述べよう。

後家とは夫死後の妻をいう言葉である。夫が家長の立場であれば、夫の死後は家長不在の家ということになる。当然のことながら外的にはその家の危機であり、内的には相続問題がクローズアップされることになる。幕府法でも、所領の相続について次のような条項が立てられている。『御成敗式目』二十四条である。

一　夫の所領を譲り得た後家が「改嫁」（再婚）する事。
右、後家となった者が、夫の所領を譲り得たならば、すべからく他の事をなげうって、亡夫の後世を弔うべきであるのに、道理に背くのは、咎がないわけではない。であるのに、すぐに「貞心」を忘れ、改嫁したならば、得た所領は亡夫の「子息」に充て行うべきである。もし「子息」がいなければ別の指示が幕府から出るだろう。

ここに登場する「子息」は現代の意味とは異なる。鎌倉期の文書を検討すると、「子息女」の語があることに気づく。これは「しそくむすめ」と読むようである。また、「嫡男」の語があるのは当然のこととして、「嫡女」の語も普遍的に存在する。「息男」「息女」もしばらくして登場する。以上の諸例から考えると、はじめ、「子息男」「子息女」という用法であった語が、のち「子息」あるいは「息男」の語が男子を指し、「息女」が女子を指すようになったことが判明する。『御成敗式目』の「子息」は、分化以前の、男女双方を含む用語であったと考えられる。でなければ、大友能直の男子女子が所領の配分をうけたことの意味は理解できないことになるからである。

さてこの条項が最もいいたかったのは後家の役割であると思う。他のことをなげうって、夫の死後の仏事を営むことこそ、後家の務めであるとみていることがわかる。しかし現実はそんなに「貞心」の篤《あつ》い後家ばかりではなかった。再婚する者が多かったのである。とすると、夫の生存中に妻に譲られた所領の行く末が問題になる。もともとは夫の一族の所領であるからである。そこで幕府が、夫から生前にもらった所領は亡夫の子供たちに譲るべきであって、再婚先にそれを持っていってはならない、という法令を敷いたのがこの条なのである。所領の相続は御家人の家にとって、主君からの給与同様に、最も重要な事項であったからである。

鎌倉期、所領は「一所懸命の地」といわれ、所有財産の中核であった。所領に命を懸ける武士の姿がこの言葉には凝縮されている。その大事な所領が、夫の死後、妻の手を経て他の家に移ることなど許容されることではなかったのである。したがって、再婚は後家の自由だが、夫から得た所領は、夫の子供に譲るべきことを、幕府は成文法として示したと考える。この幕府の態度は、当時の御家人社会の常識とも適合していたと思う。大友能直の死後、後家尼深妙は、自らの意志ではあるが、夫の子供たちに対して——このなかには実子でない人も多かったと思うが——、公平な配分をしたのである。この配分は幕府法の精神にかなったものであった。

## 五 「置文」にみる妻と娘

### 相良蓮道の場合

九州肥後国の人吉荘《ひとよしのしょう》（現熊本県人吉市）は約五百町もの大荘園であり、その地の地頭となった相良氏では、延慶四（一三一一）年のころ相良蓮道（長氏）が当主であった。もともと相良氏は遠江国《とうとうみ》榛原郡《はいばら》相良《さがら》を本拠地にする御家人で、頼景、長頼（蓮仏）父子が源頼朝に仕え、御家人になり、長頼が元久二（一二〇五）年、肥後国人吉荘の地頭職を与えられてこの地の領主となっていた。蓮道は長頼の三代あとの相良氏である。

頼景——長頼（蓮仏）——頼親——頼俊——長氏（蓮道）

その蓮道は、この年（一三一一年）の三月五日付で「置文《おきぶみ》」（将来に至るまで守るべき事項を書き置いた文書）を認めている。そのなかで「実母である後家を子供たちはおろそかにはしないだろうから、特別に所領を譲ったりはしない。よって一期のほど（後家が生きている間）は各々の子は忠勤をいたすべきである」といっている。後家とは自分の妻を指す。自分の死後のことをいろいろと指示しておくよい機会とみて、さまざまな心得を記したなかに、この一条があるのである。子は親を尊敬し、教えを乞う立場にあるのだから、後家が生活に困るようなことはないだろうとみて、後家に対して子供たちが忠勤をはげむ（よく世話をし、いうことも聞く）ようにと言いのこしているのである。この条文では子供たちの自発的な行動を期待していることがわかる。
しかしこれだけでは十分ではないと思い直したのか、その二条あとには「北方（当時人吉荘は北方、南方の二つの部分に分かれており、北方の地頭職は北条氏がもっていた）から入る地子としての苧《からむし》四十八両のうち、十二両は領家方への地子に使い、残り三十六両のうち、二十両は後家の一期のうちは後家にわたすべきである、一期の後は惣領の思うままに配分すればよい」と記すのである。子供たちの自主性に任せるには一抹の不安もともなったのであろう。苧という麻の一種を後家の得分（取り分）と記すことによって、後家が、自分の死後も安心して家の中に存在感を示せるように、との配慮をみせたのがこの条であったと考える。

ここには蓮道の後家への思いやりがうかがえるが、この置文の後の方の一条から、なぜ苧を与えたのかを考えてみよう。それは、妻時代からつねに苧を預かり使用してきたのが、この後家と呼ばれた人であったためであると思う。妻の役割のなかに「家中の雑事の取り仕切り」があったことを前述した。この家中の雑事のうちの一つに、家中の人々の衣服生産があった。標準的な武士や庶民の衣服は鎌倉期にはカラムシと呼ばれた苧麻《おあさ》（紵麻《ちよま》）素材で作られたから、苧は大切な衣の原料であり、女性は衣類生産に古代からかかわってきたので、相良氏の場合も、蓮道時代にはこの「後家」と呼ばれた人の指揮にもとづいて衣類生産や準備が執りおこなわれたと思われる。

こうみてくると、百姓の在家から貢納された苧が後家に与えられたのは、きわめて自然であったといえる。家の中では、妻そして後家は、家中の人々の衣類が不足しないよう、寒さに耐えられるよう、原料となる苧麻の植付けから監督し、あらかじめ用意しておくという、重い役割をもっていたのである。

### 渋谷氏の場合

そのほか「置文」に記された内容からみて、後家に武具の管理が任されていたことが推測されるものもある。相良氏と同じく源頼朝に下って渋谷荘を安堵された御家人に、相模国渋谷荘の渋谷氏がある。頼朝の御家人となった重国の子が高重と光重、光重の子が曽司五郎定心である。この渋谷定心が、寛元三（一二四五）年に書き置いた「置文」によると、「世間並みの具足が少々あるが、後家尼に申し合わせてその計らいに従うべきである」と述べている。「世間並みの具足」と謙遜した言い方ではあるが、事実は渋谷家に残る「重代の家宝としての具足」であったのではなかろうか。その武具は後家の管轄とし、後家の指示命令に従って使用したり相伝したりするものだといっている。

このように、武具のような、主として使用する者が一家の男性であることが多いものであっても、家の財産としては夫の死後は後家が、夫の留守中は妻が管理し、使用許可を与えるのが当然と考えられていたことがわかる。渋谷定心が三浦氏の乱（一二四七年）で戦功をあげ、薩摩国の入来院《いりきいん》の地頭職を与えられる直前の置文ではあった。

## 六　夫婦の役割分担

このように、娘時代から男子と同様の相続権をもっていた武士の女性は、婚姻を遂げて妻となった場合、実家から財産を持参してやってくることが普通であり、自分の財と夫の財を合わせて「共同知行」をなしていた。現代の会社の共同経営のような状況である。夫が健在な時は夫が主として外向きの勤めを果たし、大番役や鎌倉番役、また合戦などに出かけると、妻は一家の柱となって所領を守ったのである。その姿は「所領の成敗」という幕府法中の言葉で表現されている。

妻のもう一つの役割が「家中の雑事の取り仕切り」である。収穫物を貯蔵し、日々の食事に気を配り、家中の人々の衣類を製作する。まず材料の麻を植え付け、繊維を採ることから監督しなければならなかっただろう。自ら行ったか従者や下女または領内の農民にやらせたかの違いはあるが、それをつねに考え準備し監督しなければならなかった。これは、武士階級の妻には共通の役割であったと考える。その他、子供を育て教育し、従者や下女の身の振り方にも注意をはらった。こうした雑多な仕事をこなす武士の妻の役割が「家中の雑事の取り仕切り」であったと思う。

夫と妻は家の外と内でおおまかな役割分担をなしていたのである。この役割分担が現代とちがう点は、家の中のことが現代よりも多様でしかも重労働を伴うものであったこと、労働の質においても夫の家長としての役割をつねに補完しつづけている、切っても切り離せない重要なものであった点である。近代のように、夫と妻が「家」の外と内というような役割分担をなしていたのとは本質的に異なっていた。夫婦二人の共同作業で武士の家は成り立っていたといえる。

そのため不幸にして夫が先立った場合、後家はすぐに夫の役割を代行することができた。妻時代から夫のやり方を見聞きし、時にはそれを肩代わりして「共同知行」をなしてきたからである。夫の遺領を配分し、その際に自分の意志による配分も加味していた大友の後家尼・深妙に、それはよく現れている。

政子が幕府政治において、頼朝死後、重要な事項の決定権を行使したのは、武士の家で後家を尊重し、その人が大きな役割を果たして当然との観念があったからであると思う。政子の妻時代、後家時代の姿は、御家人のそれぞれの家での妻や後家の姿の拡大形態であったにすぎないと思う。そうした意味で、政子はその優れた能力と手腕で御家人たちをひきつけたと同時に、妻や後家の代表として暗黙のうちに男女を問わず鎌倉武士階級のあつい支持を受けていたと考える。

ただし、政治上の政子の力量と判断の確かさには感心させられた。とくに幕府最大の危機であった承久の乱での政子の立場は、まさに幕府の象徴、中心、しかも指揮権をもつ将軍であった。それは長年にわたる執政経験に裏打ちされていたといえる。こうして築いてきた頼朝死後の政子の執政を、『御成敗式目』七条は次のように述べている。

右大将家（頼朝）以後、代々の将軍ならびに二位殿の御時充て給はるところの所領など、本主（もとの持ち主）訴訟によって改補せらるるや否やのこと

頼朝以後代々の将軍と政子の時代にもらった所領について、もとの領主だと主張して武士がむやみに幕府に訴え出るべきでないと定めている。つまり、政子時代の御家人に対する所領安堵や「充行《あておこな》い」（所領の給与）は、源家の三代の将軍と同じ効力をもつことが記されているのである。政子は源氏三代の将軍と同じく、いやときにはそれ以上の見事な執政をしたことは、本文で明らかにしてきた。この思いは鎌倉期の人々にも共通であったことが、この七条からわかると思う。

# 第七章　政子はどのように語られたか

## 一　同時代の政子評

### 『愚管抄』

北条政子と同じ時代を生きた男性のうち、公家出身でのちに天台座主にまでのぼった慈《じ》円《えん》は、歴史哲学の書ともいうべき『愚管抄』を記している。その中に、北条政子にかかわる記述がある。『愚管抄』のこの部分は、同時代の政子の評判を知るうえでたいへん貴重なものである。

慈円は次のように記している。

時正〔時政〕ガムスメノ、実朝・頼家ガ母イキ残リタルガ世ニテ有ニヤ。義時ト云時正ガ子ヲバ奏聞シテ、又フット上﨟ニナシテ、右京権大夫ト云官ニナシテ、此イモウトセウト〔同母の兄弟〕シテ関東ヲバヲコナイテ有ケリ。京ニハ卿二位ヒシト世ヲ取タリ。女人入眼ノ日本国イヨイヨマコト也ケリト云ベキニヤ。


北条時政の後家・牧氏が乱を起こしたのち、実朝と頼家の実母である政子の支配する時代となった。彼女は天皇に奏上して弟・義時を上席に据え右京権大夫にするなど、同腹の姉弟二人で幕府を取りしきっていた。「女人入眼」とは、画工が絵を描く際、眼の中に瞳を描き入れることによって仕上げをするように、女性が最後の仕上げをするということで、日本はその女人入眼の国だといわれているが、ほんとうにそのとおりだと慈円は語っている。

慈円は、政子の執政が行われたこと、また政子・義時のコンビによって幕府の舵取りが行われたことを事実として認めている。さらに、このように女性が政治の最後の仕上げをするのは政子がはじめてではなく、日本の伝統でもあったことをも示しているのである。

慈円は『愚管抄』の第一巻でまず漢の年代を記し、ついで「神武《じんむ》天皇」以降の「皇帝年代記」から書きはじめている。そして古代以来の代々の天皇の治績をくわしく述べ、摂政関白以下の廷臣、皇后、中宮の業績を論じた。「神功皇后《じんぐう》」については、「男女ニヨラズ天性ノ器量ヲサキトスベキ道理」を末代の人々に知らせようとして、六十九年間も摂政をされたのであろう、と述べている。才能があれば男女の性別によらず執政できるのだ、というのが慈円自身の考えであったことがわかる。

『愚管抄』はこのほか、政子について実朝暗殺時のこととして、「サテ鎌倉ハ将軍ガアトヲバ二位尼総領シテ、猶セウトノ義時右京権大夫サタシテアルベシト議定シタルヨシキコヘケリ」と述べている。これは、『吾妻鏡』の記述とも一致している。三代の源氏の将軍が絶えたあと、政子が「総領」する、すなわち指揮する政治形態が幕府で決定されたことがわかる。指揮の内実としては、具体的には、実朝の死後、建保七（承久元・一二一九）年二月十九日、阿野時元討伐の命令を政子が下したことを指す。慈円は、尼・政子が関東の頂点に立って執政していたこと、またその執政が幕府に結集する御家人たちの総意であったことを認識し、すなおに表現している。

## 慈円という男

慈円が生まれたのは久寿二（一一五五）年、亡くなったのは嘉禄元（一二二五）年である。政子の生年が保元二（一一五七）年であるから、政子のちょうど二歳年長であり、没年は奇しくも政子と同じである。まさに同世代の人間であった。慈円の父は藤原忠通《ただみち》で関白を務め、鳥羽法皇から信頼された人物であった。また慈円の兄は九条兼実《かねざね》で、親幕派公家の代表であったから、僧侶として高位を占めた（天台座主にのぼること四回、大僧正にもなっている）。慈円の考えが、幕府に好意的であったとしても不思議ではない。特に、頼朝と慈円の関係はよいものであったという。筆者の恩師のひとり、赤松俊秀先生は「慈円は（頼朝の）再度の上京の時に頼朝と面接して、数多くの和歌を贈答した」とされ、また「慈円が頼朝から越前国藤島荘の寄進を受け延暦寺内に勧学講開設を思い立ったのもこの時である」とされる（「日本古典文学大系」『愚管抄』解説）。

しかし慈円の考え方が幕府至上主義であったわけでは、もちろんない。出身が公家であることは、慈円のアイデンティティーのひとつであった。と同時に、慈円はこの書を書くことによって承久の乱を未然に防ぎたかったようである。「後鳥羽上皇がこれを読み、倒幕計画の無謀なことを反省してそれを放棄することをもっとも深く願ったに相違ない」との赤松氏の意見に同意したい。なぜなら、『愚管抄』が書かれたのは承久三年、承久の乱の直前であったからである。

そうした風雲急を告げるこの時期に、古代の天皇政治を振り返り、一代一代仔細に検討した慈円は、女帝が多いこともよく知っており、それが「女人入眼の日本国」と言わしめた理由であった。女性が政治を執ることは、能力がありさえすれば当然認められるべきである、とする慈円の考えは、同時代の政子の執政によってさらに補強されたであろう。政子はこうして同時代の公家・僧侶からも、執政の事実を高く評価されていたのである。

## 『徒然草』

鎌倉期に兼好法師が書いた『徒然草』には、北条時頼の母「松下禅尼《まつしたぜんに》」は登場するものの、政子は出てこない。兼好の関心事が日常にかかわる雑感であったことにもよるのであろう。

この松下禅尼は、自分の屋敷の障子を、ちいさな破れごとにいちいち手ずから張ることによって、時頼に倹約の必要を教え訓戒する姿が描かれている。

政子の生き様は、日常の女性のあり方においては、先に述べたような家の取り仕切りという点で一般武士の女性に引き継がれていた。政子から松下禅尼に継承されたのは、母親として子供の教育を責任を持って行うということである。『徒然草』にも、松下禅尼を通じて、政子の教育と訓戒の部分が引き継がれていると考える。

## 二　室町期の政子評

室町時代になると、政子はふたたび政治の場において高く評価される。当時、当代きっての碩学といわれた一条兼良の意見を聞こう。

### 『小夜のねざめ』

『小夜のねざめ』（『群書類従　巻第四七六』）の中で兼良はこう語る。

大かた女といふものは、わかき時は親にしたかひ、ひととなりてはおとこにしたかひ、老ては子にしたかふものなれば、我身をたてぬ事とぞ申める。いかほどもやはらかになよびたつがよく侍ることにや。大かた此の日本国は和国とて女のおさめ侍るべき国なり。天照大神も女躰にてわたらせ給ふうへ、神功皇后と申侍りしは八幡大菩薩にてわたらせ給しぞかし。〔中略〕ちかくは鎌倉の右大将の北のかた尼二位殿は二代将軍の母にて、大将ののちはひとへに鎌倉を管領せられ、いみじく成敗ありしかば、承久のみだれの時も、此二位殿の仰とてこそ義時ももろもろの大名には下知せられしか。

されば女とてあなづり申べきにあらず。むかしは女躰のみかどのかしこくわたらせ給ふのみぞおほく侍しか。今もまことにかしこからん人のあらんは、世をまつりごち給ふべき事也。

兼良は、女性が「三従」の徳を心に持ち、自分自身は表に立たないのがよいという意見もあるが自分はそうは思わない、という。なぜなら日本は女の治める国だからである。天照大神《あまてらすおおみかみ》、神功皇后をはじめとして、女性が世を取仕切った例は多い。兼良は最近の例として政子を挙げている。尼二位殿政子が頼朝の死後「ひとへに」（ひたすら）幕府を掌握・指導・成敗したのは、立派なことであった。承久の乱の時も、義時は政子の仰せだとして、主だった武士たちに命令をしたのである。だから、女だからといって侮ってはならない。昔は女帝も多く、今でも賢い女性がいたならば、世の政治を執るべきなのだ、と言っている。
一条兼良は公家の一条家に生まれ、家を継ぎ、太政大臣や関白を務めたあと、文明五（一四七三）年に出家した。有職故実や古典の解釈などに優れた才能を発揮した人である。『小夜のねざめ』は、応仁の乱を避けて奈良にいた兼良が、日野富子の求めによって九年に帰京し、その後富子に『源氏物語』を進講するとともに、この書を献呈したのではないかとされている。とすれば、当時子息・義尚を後見する立場にいた富子（拙稿『女人政治の中世』参照）に、女性の執政が道理にかなっていることを説いた書、と考えることができる。

このように、室町時代においても、女性の執政が妥当とする考えの根拠として、政子が古代の女帝たちの政治を復活・再生した事実は評価されていたのである。

## 三　物語のなかの政子

こうして、政治向きの書においては評価されつづけた政子も、読み物のなかでは違った評価を受けている。公家から庶民まで、読み聞かせたり眺めたりすることで愛好された『御伽草子《おとぎそうし》』は、南北朝期から江戸初期にかけてという長い時間にわたって作成されたものであるといわれている（市古貞次「室町物語とその周辺」新日本古典文学大系『室町物語集』上）。そのなかから、政子の姿を探ってみると、まず第一に気づくのは政子の役割が分割されて、部分部分でしか登場しないということである。

『御伽草子』には、鎌倉期の武士が多くみられる。夫・頼朝や義経、武士の畠山氏や梶原氏が主役となっている物語は多く、また女性では、大力をもって活躍した巴《ともえ》御前などは登場するが、政子が主役になった話はない。脇役として登場するのみである。しかし、いくつかの話に政子は姿をみせるので、どのような姿で脇役を務めたのかみてみよう。まず「大橋の中将」を取りあげてみたい。大橋の中将は平家時代に壱岐・対馬を領有していた。捕えられ、鎌倉で十二年の入牢を余儀なくされ、斬首も間近であった。その子「まに王」は筑紫で学び、「並びなき持経者」となっていた。まに王が、父の行方を探して鎌倉の若宮八幡宮で法華経を読誦したところ、その参詣者のなかに頼朝の北の方・政子がおり、まに王を頼朝に引き合わせるのである。そして、頼朝の前で読経したこと、処刑人の前での読経が功を奏し、「法華経」の功徳で父・中将は斬首を免れる、という筋立てである。政子は頼朝との仲介をするという、まに王にとっては重要な役割を担っていることがわかる。頼朝への取次ぎという、生前の政子の姿がここでも再現されている。

**鶴岡八幡宮にまいる頼朝**
奈良絵本『武家繁昌』より（個人蔵，部分）

「大仏供養物語」では、東大寺の大仏の供養を法然が執り行うことになった経緯について、源頼朝の北の方・政子の要請によるものと記されている。はじめ、天台座主園城寺法印の説法が行われたのだが、満足できるものではなかったため、法然に要請するよう主張したというのである。ここで政子が登場するのは、法然が「女人往生」を説いているからである。この物語においては、一族の仏事を修めるだけでなく、国家的な仏事の執行に政子が深く関与したことを暗示する内容となっている。

「畠山」には、畠山重忠の嫡子・重保が頼朝の命令によってひとりで「御台所」政子の警護をする場面が登場する。武勇の誉れ高い畠山重保に、化け物が出るとの噂のあった若宮参詣の警護役を命じたのは、頼朝が重保の心中を試すためであった、という筋になっている。政子の社寺参詣の姿が垣間見られる。

ほかに、上層武士の妻が登場するのは「浜出草紙《はまで》」である。頼朝の右大将拝領祝いの宴、その三日目は江ノ島詣での「浜出」がおこなわれ、その日には正室の政子もお出ましになる。笛や銅拍子は秩父氏、長沼氏など有力武士が務め、簾《すだれ》の中からは政子が琴、北条時政の奥方（牧の方）が琵琶、足利上総介の奥方が和琴《わごん》を奏する、というふうに三日間にわたって音楽と舞が続けられた。

このように、祝いの管弦が男女双方によって催されるというのは、平安鎌倉期の実態を示すものである。政子に琴のたしなみがあったかどうか実際にはわからないが、執政の場面だけでなく、趣味の面でも物語化されてのこっていることは注目される。鎌倉の地に幕府を定め、武士の政権を樹立したことを祝ぐその祝いの場に、政子をはじめとする武士階級の女性の姿が、男性とともに描かれていることは、鎌倉期の時代相をよく伝えるものであろう。頼朝と政子は夫婦がセットとなって幕府の中心に位置していた。「浜出草紙」は、そうした政子の位置を象徴的に表現するものである。


政子の記憶がうすれつつあった南北朝期から室町戦国期には、政子の姿は断片的に書物に残されるにすぎなくなる。頼朝や北条氏、畠山氏、梶原氏、和田氏などに較べ、『御伽草子』では前面に登場することはなくなるが、政子は脇役としてさまざまな部分が描き出されていた。そしてその描き方は断片的ではあっても、決して悪意に満ちたものではなく、頼朝のパートナーとしての姿であった。

執政の面で一条兼良に称えられたほどに誉められてはいないが、鎌倉幕府を夫婦の力で確立したとの見方がとられている。すなわち、政治にかかわる女性の姿が戦国期のころまで肯定的にとらえられていたことがわかる。まだ女性を政治から排除する見方は強固には成立していなかった。政治からの女性の排除は、江戸時代前半、徳川家光の時代に大奥制度が確立した時が、大きな転機となったのではないだろうか。以後、近世中後期には、社会思潮の面でも、儒学道徳の「三従」が称揚され、「読本」が大流行し、女は性愛の対象あるいは庇護の対象としてくくられてしまうのである。

しかし、江戸時代の初期までは、政子は、あまり高くは評価されなかったとはいえ、権力を手にして幕府を守った母親として、一面の事実は切れ切れにではあるが語り伝えられてきた。近世の『大日本史』における政子は、「丈夫」という強い母親の姿であるといわれている（野村育世『北条政子』吉川弘文館、二〇〇〇年）。

むしろ近代において「良妻賢母」がもてはやされると、その枠にはまらない政子のような人物は、異端視されたと考える。

とくに戦後の時期に、「強くなったのは女と靴下だけだ」というような皮肉な見方が一般的となり、近代の「良妻賢母」重視の見方が覆された時期に、研究者や小説家から政子はあまり評価されてはいない。それは、皮肉の底流に、強い母親や娘を否定する考え方があったからではないだろうか。戦後の法制度の整備によってようやく男女平等の入口に到達した日本には、平等を妨げる旧制度や旧慣例があふれていた。そういう立場からの主張の一つが「女と靴下」論であると思う。

ともあれ、近世の「読本」以後、政子がどのような姿で評されていったかは、今後の検討課題として残しておきたい。

# おわりに

今から八年ほど前、私の勤めている京都橘女子大学の職員が、広報誌に載せようと、学生に「あなたの尊敬している人物はだれですか」と聞いたことがあった。すると、英文科の学生はアウンサン・スー・チーさんやヒラリー・クリントンさんをあげ、国文科の学生は紫式部や与謝野晶子を、歴史科の学生は北条政子や持統天皇また平塚らいてふをあげていた。なかでも政子は最も多くの学生が尊敬できる人としてあげていたのを覚えている。それまでにも政子のことを講義で話したことはあるが、本学の多くの学生が歴史上の人物に興味をもっていて、その人物をかなり知っていないと尊敬できるかどうか判断できないから、事実についてもかなりの程度知識をもっていることをうれしく思ったものである。

今回、年代を追いつつ政子の事跡をたどってみて、政子の優れた能力、優しさ、人間味にあらためて感動し、ほんとうに尊敬できる人物であるとの感を強めた。政子の歩んだ時代は決して平穏な時代ではなく、一般の御家人にとっても、東国に武士の政権が打ち立てられ、存続するか否かという危機に直面した時期であった。そうした社会情勢のなかで、頼朝時代に一緒に歩んだ経験を生かしつつ、真摯に状況を見つめ、幕府を担う指導者として、また源家と北条家をつなぐ長老の尼として正確な判断を下すことができたのは、まさに驚異であった。それは政子の能力が優れていたからであると同時に、宿老たちの意見にも耳を傾け、それを採用するという柔軟さを政子がもっていたからであると思う。その反面、頼朝時代をつねに思い出し政子に協力を惜しまなかった多くの御家人たちがあったこと、女性の執政を特異なものと考えない武士の男女が広汎に存在したことも、政子の執政を支えた理由であったといえる。

先日、ある新聞社から特集の記事について相談を受けた。「シャイン・ウーマン」と題した企画のうち、歴史上輝いていた女性を教えてほしい、というものであった。それに応えて私は真先に「北条政子」を挙げた。その理由はもうおわかりのことと思う。

最近「輝く女性たち（シャイン・ウーマン）」が増えてきたことはうれしい現象である。ようやく仕事において女性のもつ能力が生かされ、評価されはじめた。また主婦である傍ら、ボランティアに生き甲斐を見出したり、趣味が事業に結びついたり、女性ならではの感性によって新しい事業を興したりすることが可能な世の中になりはじめた。しかし企業社会では総合職を選んで男性と対等に仕事をしようとする女性に、従来の「男社会」の諸規範がそのまま適用されるから、長時間労働に苦しんでいる状況は改善されていないし、昇進の道においては依然として門戸は隙間ほどしか開けられていない。輝く手段がない状況もよく耳にする。

歴史上、女性の家庭での妻・母の仕事は「シャドウ・ワーク」と呼ばれてきた。シャインとは反対の影の仕事、つまり男の仕事が表の輝かしい仕事であるのに対して、女の仕事はそれを影で支える仕事であり、社会的に評価されない不払い労働であったのである。このような表と裏の関係、表の社会にいるのが男で、裏の社会にいるのが女性であるという、性別役割分離が固定化されたのは、日本の場合、近代以後であったと思う。

近代の明治政府はこれまで築かれてきた「家」を制度として採用し、その家制度を法の上で強固なものとして規定した。明治民法で家父長に大きな権限を認め、その妻は「無能力者」と見なすというふうに、男女の性差別を合法化したのである。そのためその時代以後に育った我われ現代人が、明治の制度をあたかもずっと前からあったかのように感じたとしても不思議はない。

しかし歴史を探究する者は、一般の感覚や常識に安住するのではなく、家父長制がいつどのように日本で形成されたのか、男女の性別役割分離がどのようにして形成され、どのように固定化されたのか、歴史のなかで問わねばならないだろう。私自身、このような問題意識をもちつつ女性史に取り組んできたなかで見えたのは北条政子の輝く姿であった。

この政子が残した自然体の輝きがなくなるのは、いつどのようにしてであったのか、今後はこの大きなテーマに取り組むことになる。

二〇〇三年七月一日

田端泰子

〔付記〕

本書上梓にあたっては、人文書院の新進編集者伊藤桃子氏のお世話になった。また、二〇〇三年度京都橘女子大学出版助成金の交付を受けることができた。記して謝意を表する。

著者紹介

田端泰子（たばた・やすこ）
1941年神戸市生まれ。京都大学文学部博士課程修了。日本中世史，女性史。現在，京都橘女子大学文学部教授。京都大学文学博士。
主な著書：『日本中世女性史論』（塙書房，1994），『女人政治の中世』（講談社，1996），『日本中世の社会と女性』（吉川弘文館，1998），『日本の中世　4　女人，老人，子ども』（共著，中央公論新社，2002），『天下人の時代』（編著，平凡社，2003）など。

幕府を背負った尼御台
北条政子
二〇〇三年一〇月二〇日　初版第一刷印刷
二〇〇三年一〇月三〇日　初版第一刷発行
著　者　田端泰子
発行者　渡辺睦久
発行所　人文書院
京都市伏見区竹田西内畑町九
電話〇七五（六〇三）一三四四
振替〇一〇〇〇―八―一一〇三
印刷　内外印刷株式会社
製本　坂井製本所

Printed in Japan.
ISBN4-409-52052-0　C1021